의기양양
설득심리술

SUBETE OMITOSHI NO SETTOKUZYUTSU by Tago Akira

Copyright ⓒ2005 by Tago Akira

All rights reserved.

Originally published in Japan by publisher EAGLE PUBLISHING CO.,Ltd. TOKYO

Korean translation rights arranged with TURNING POINT INC. Japan

through UNION Agency, SEOUL.

이 책의 한국어판 저작권은 UNION Agency를 통한

독점 계약으로 경성라인에 있습니다.

저작권법에 의해 한국 내에서 보호를 받는 저작물이므로

무단전재와 무단복제를 금합니다.

의기양양
설득심리술

타고 아키라 지음 ― 강성욱 옮김

경성라인

들어가는 말

　　사람은 누구라도 어렸을 때부터 주입되어져 온 '고정관념과 선입관'을 가지고 있다.
　한 예로 어떤 아이가 부모님에게서 차의 무서움에 대해 철저하게 주입된 교육을 받은 뒤, 부모님이 차를 구입하여 아이를 태우려고 하자 무서워하며 타지 못했다는 이야기가 있다. 그리고 그림책에서 친근하게 보아오던 귀여운 곰이나 맹수들의 모습에 익숙해져 있는 아이들은 실제로 맹수들을 만났을 때 그 무서움이나 위험을 모르게 된다.
　학교에서 미술시간에 가까이 있는 것은 크게, 멀리 있는 것은 작게 그리는 원근법이 바르다고 배워왔다. 그런데 인도나 중국의 미술에서는 그런 관점에서 벗어난 그림법이 있다. 사람에게는 그

중간이 가장 좋다는 연구발표도 있다.
　이처럼 인간의 관점이나 느낌은 무엇 하나 확실한 것이 없다고 해도 과언이 아니다. 인간심리에 관한 견해나 관점 등이 그 예라 할 수 있다. 알기 쉽게 말해서 인간심리에는 겉과 속이 있다. 이를 모르고 행동을 하면 자신은 물론 타인도 상처를 입고 천재일우의 기회를 놓쳐버리기도 한다.
　문득 상대나 사회나 세상에 의문을 갖지 않을 수 없다. 모두가 왼쪽이라고 하면 오른쪽을 바라본다, 겉이 화려할 때에는 속을 들여다본다, 항상 같은 채널이 아닌 다른 채널을 체크해 보기도 한다. 평소 이러한 습관의 반복으로 보이지 않았던 것이 보이기 시작하기도 한다.

들어가는 말

 '모든 것을 꿰뚫어본다.'고는 말할 수 없어도 사회나 사람들의 이면이나 감춰진 진실을 '꿰뚫어보며' 살 수 있다면, 사람은 의도하지 않았던 길로 들어서거나 자신도 모르는 사이에 타인을 상처 입히지 않고 서로 행복하게 지낼 수 있지 않을까?
 원대하거나 그럴듯한 세계문제나 인류문제가 아니어도 좋다. 세상은 이해할 수 없는 일들이 너무도 많다. 하지만 지구의 운명을 좌우하는 큰 문제나 흔한 부부간의 작은 문제도, 결국은 인간의 마음에서 기인하는 것이기 때문에 그런 의미에서 사람의 마음은 지구보다 무겁고, 또한 사람의 마음만큼 헤아릴 수 없는 것은 없을 것이다.
 필자가 처음에 일반대중을 대상으로 한 책을 쓴 것은 30대 전

반기로 '독심술'이라는 책이었다.

  이 책에서 '독심술'을 꺼낸 까닭은, 그 모든 일의 시작은 '사람의 마음만큼 알기 어렵고 또한 그만큼 알고 싶은 것은 없다.'라는 생각 때문이다.

  하지만 공부를 계속하고 저작물들이 늘어가면서 종종 "선생님은 사람의 마음을 모두 꿰뚫고 있지요."라는 말을 듣게 되었다. 이것은 터무니없는 말이다. 지금도 '사람의 마음만큼 알기 어렵고 그래서 그만큼 알고 싶은 것도 없다.'라는 필자의 생각에는 변함이 없다.

  이 책도 물론 예외가 아니다. 앞에서 말한 것처럼 사람의 마음과 그 마음이 일으키는 세상의 제반문제에 대해 '모두 꿰뚫고 있

들어가는 말

다!'라고까지는 말하지는 못해도, 적어도 이 정도는 '꿰뚫고 있다.'면 좋을 것이라는 예를 들어본 것에 지나지 않는다.

하지만 적어도 이 정도는 '꿰뚫고 있다.'고 말할 수 있다면 사람들의 다양한 문제나 배경을 이해할 수 있고, 자신도 모르는 사이에 의도하지 않았던 유혹이나 설득에 굴하여 후회하는 일도 없을 것이다. 나아가 이러한 방어의 자세뿐 아니라, 사람의 본심을 읽을 수 있다.

또한 닫힌 사람의 마음의 문을 열거나, 필요 없는 고민이나 방황을 불식시키기 위해서 설득이나 조언을 할 수가 있을 것이다.

최종적으로는 지구상의 모든 사람들이 적어도 어느 정도나마 사람들의 마음과 그 마음이 일으키는 제반문제를 꿰뚫어볼 수 있다면 훨씬 더 서로를 이해하고 배려하는 마음을 가질 수 있을 것이며, 영문을 모른 체 인간성의 파괴로 발전하는 불행한 시대로부터 탈출할 수 있을 것이다.

 어렵지만 그런 일까지 염두에 두고 이제까지 필자만의 노하우로 간직하고 있던, '사람의 마음을 꿰뚫어보는 방법'을 총정리해 봤다.

 '모두 꿰뚫어본다!'라는 것에 어디까지 근접할 수 있을지, 독자 여러분도 함께 도전해 보기를 바란다.

사람의 마음을 꿰뚫고 있다면
사람들의 다양한 문제나 배경을 이해할 수 있고,
자신도 모르는 사이에 의도하지 않았던 유혹이나 설득에 굴하여
후회하는 일도 없을 것이다.

들어가는 말 ❖ 4

chapter 1 '계산을 꿰뚫어보는' 설득심리술

01 결론을 내리지 못하는 기대감 ❖ 19
02 자신의 행동에 책임을 지지 못하는 사람 ❖ 22
03 '약'을 지나치게 강조하는 사람 ❖ 25
04 냉정함과 정당한 자세 ❖ 28
05 결단을 내리게 하는 비결 ❖ 31
06 '동조 심리'의 메커니즘 ❖ 34
07 결정권을 가진 사람을 설득하기 위한 전술 ❖ 37
08 집중되고 있는 힘을 분산 ❖ 40
09 이쪽의 잘못을 쉽게 인정 ❖ 43
10 의식적으로 경어를 사용 ❖ 46
11 난공불락의 상대를 설득 ❖ 49
12 충격이 완화되는 심리 메커니즘 ❖ 52

chapter 2 '욕망을 꿰뚫어보는' 설득심리술

01 두 사람의 심리적 거리　❖ 59

02 운명이나 우연에 의지하고 싶은 마음　❖ 62

03 말투 하나로 목적을 달성　❖ 65

04 이해관계가 없는 제삼자의 정보　❖ 68

05 상대가 자발적으로 들어야겠다는 자세　❖ 71

06 '대답은 하나밖에 없다.'는 단정　❖ 74

07 라이벌의 칭찬　❖ 77

08 자연스럽게 이쪽의 문제로 끌어들이는 작전　❖ 80

09 '꺼려하는 인상'을 가장　❖ 83

10 상대의 입장에 서서 그때까지의 상대의 수고를 위로　❖ 86

11 상대의 대항의식을 봉쇄　❖ 89

12 생리적 욕구의 충족　❖ 92

13 '싫기 때문이 아니라 할 수 없기 때문일 거.'라는 부추김　❖ 95

14 '내가 당신이라면'이라는 말의 설득력　❖ 98

15 '우리들'이라는 공통점　❖ 101

16 추상도가 높은 문제　❖ 104

17 칭찬과 웃음의 신뢰관계　❖ 107

chapter 3 '반감을 꿰뚫어보는' 설득심리술

01 모든 수단을 보이는 것 ❖ 113

02 불난 집에 부채질 ❖ 116

03 긴장된 마음의 치유법 ❖ 119

04 '알았다.'는 말은 언어상의 트릭 ❖ 122

05 뒤끝이 없는 사이 ❖ 125

06 답변하는 행동 ❖ 128

07 마이너스에서 플러스로 전향 ❖ 131

08 자존심을 건드려야 하는 벽창호 ❖ 134

09 상대가 느낄 감정을 자신이 먼저 파악 ❖ 137

10 한 발 양보하면 결국은 백 보를 양보 ❖ 140

11 타이밍 간파 ❖ 143

12 얼버무리는 방법 ❖ 146

13 흥분해 있는 상대가 진정되는 동작 ❖ 149

14 밑 빠진 독에 물 붓기 ❖ 152

15 '노'가 '예스'로 바꾸는 교묘한 수법 ❖ 155

16 논쟁 상대를 침묵하게 만들고 싶을 때 ❖ 158

chapter 4 '본심을 꿰뚫어보는' 설득심리술

01 선입관의 전달 ❖ 165
02 책임소재가 확실히 밝혀지지 않는 상태에서의 대처 ❖ 168
03 상대의 주장을 받아들이는 것 같은 태도 ❖ 171
04 '일치된' 의견의 근본 공격 ❖ 174
05 초점이 되고 있는 문제를 지나칠 만큼 과장 ❖ 177
06 감정이 폭발할 때의 적나라한 모습 ❖ 180
07 여운을 남기고 기회를 다음으로 ❖ 183
08 직면한 논의 속에서의 일치점 ❖ 186
09 두터운 방어벽 ❖ 189
10 '할 수 있다.'는 플러스 자기암시 ❖ 192
11 상대를 움직이게 하는 비결 ❖ 195
12 우유부단의 심리적 압박감 ❖ 198
13 결론의 단서를 맡기는 심리적 급소 ❖ 201
14 경계심을 만드는 '역할기대' ❖ 204
15 자신이나 타인에게도 이익이 된다는 명분 ❖ 207
16 간파하지 못하는 나머지 99의 거짓말 ❖ 210

chapter 5 '약함을 꿰뚫어보는' 설득심리술

01 상대에게 우월감을 가지게 하는 테크닉 ❖ 217

02 반론을 경청하는 태도로 바뀌는 타이밍 ❖ 220

03 왜 그 사람에게 부탁하는지를 강조 ❖ 223

04 뒤처져 있는 것은 자신만이 아니라는 것의 인식 ❖ 226

05 가장 부조화를 이루는 해질녘 ❖ 229

06 그 문제의 중대성을 강조 ❖ 232

07 교착상태에서의 양보의 정도 ❖ 235

08 선택하기를 바라는 것은 반드시 뒤로 ❖ 238

09 상대의 기선을 제압하는 조건 ❖ 241

10 일인자의 권위 ❖ 244

11 심리적인 동정 메커니즘 ❖ 247

12 '실패하지 말라.'라는 마이너스 암시 ❖ 250

13 '관심을 가져주어야겠다.'는 심리적 책임감 ❖ 253

chapter 1
'계산을 꿰뚫어보는' 설득심리술

악덕 세일즈맨의 수법을 분석해 보면 공통점이 있다는 것을 알 수 있다. 그것은 '악을 지나치게 강조한다는 점이다.' '악인'이 일부러 나쁜 수법을 공개해서 자신에게 이익이 되는 것 같은 일은 하지 않는다는 '선언'의 심리적 허점을 교묘히 이용하고 있는 것이다.

"동업자의 나쁜 수법은 말하고 싶지 않지만 부동산업자 중에도 나쁜 사람이 있습니다. 저희들도 정말 애를 먹고 있습니다."는 말을 들으면 이 사람만은 예외라고 믿어버리는 것이다.

01
결론을 내리지 못하는 기대감

　세상에는 이것저것 많은 것을 생각히여 좀처럼 스스로 결론을 내리지 못하는 사람이 적지 않다. 취직이나 혼담 등 인생의 문제에 있어서도 결단력이 부족해서 찾아온 좋은 기회를 놓치는 경우도 있다. '놓친 고기가 커 보인다.'라는 말처럼 소 잃고 외양간 고치는 격이 많은 것이다. 그들은 왜 결단을 내리지 못하는 것일까?

　그 원인 중 하나가 '아직'과 '좀 더'라는 의식 때문이다. 양자는 분리해서 생각할 수 없는 관계이자 '아직 생각할 시간이 있다. 좀 더 숙고하면 더 좋은 결과를 얻을 수 있지 않을까.', '아직 시간은 있다. 기다리면 좀 더 좋은 일이 생길지도 모른다.', '아직 기회는 있다. 좀 더 좋은 기회가 찾아올지도 모른다.'라는 일종의 기대감이 그들의 결단을 둔하게 만들고 있는 것이다.

  이런 상대에게 천천히 시간을 두고 결론을 내리게 하려 해도 그것은 시간의 낭비일 뿐이다. 따라서 오히려 더 생각해도 지금보다 더 좋은 결론을 얻을 수 없다는 것을 넌지시 암시해 주는 편이 좋다.

  시간이 아직 있다고 기다리고 있어도 지금 이상의 결론을 얻을 수 없다는 최후통첩을 들이대서 그들이 품고 있는 기대감을 포기하도록 해야 한다. 최후통첩이라는 말의 사전적 의미는 '분쟁의 평화적 처리를 위한 교섭을 단념하고 자국의 최종 요구를 상대국에 제시해서 받아들여지지 않으면 자유행동을 취한다는 취지를 밝힌 외교문서'라고 되어 있다. 주저하고 있는 상대에게는 '이것이 마지막 기회다.'라는 외교문서를 들이대서 '아직이라는 의식', '좀 더라는 의식'을 단념하게 만드는 것이 상대에게도 좋은 결과를 부여하는 것이다.

  혼담이나 취직, 교섭에서도 결단을 내리면 그것이 가장 좋았다는 경우가 적지 않다.

  원래 인간은 아무래도 '마지막'이라는 말에는 약한 것 같다. 그 증거로 바겐세일이라는 말에는 반드시라고 해도 좋을 만큼 '이것이 마지막 찬스'라고 선전을 하고 있다. 신기하게도 이런 말을 들으면 주저하다가도 사지 않으면 손해를 보는 것 같은 마음이 들게 된다. 더욱이 주저하고 있는 사람일수록 이 문구에는 약한 면을 보이기 마련이다.

필자도 이런 수법에 넘어가서 필요 없는 물건을 산 씁쓸한 경험이 많은 편이다. '나는 결단이 빠른 편으로 절대로 그런 문구에 넘어가는 일은 없을 것.'이라고 생각하고 있지만, '마지막 찬스'라는 문구를 보면 지금 사두지 않으면 손해라는 기분이 든다. 이 원리를 역이용하여 더 이상 기다려도 지금 이상의 기회는 찾아오지 않는다는 것을 가르쳐주는 것이 우유부단한 사람에게 보다 나은 결단을 내릴 수 있게 하는 방법이 된다.

> 🤝 결론을 내리지 못하는 이유는 '아직'과 '좀 더'라는 의식 때문이다. 양자는 분리해서 생각할 수 없는 관계이자 '아직 생각할 시간이 있다. 좀 더 숙고하면 더 좋은 결과를 얻을 수 있지 않을까.', '아직 시간은 있다. 기다리면 좀 더 좋은 일이 생길지도 모른다.', '아직 기회는 있다. 좀 더 좋은 기회가 찾아올지도 모른다.'라는 일종의 기대감이 결론을 내리지 못하게 하는 것이다.

02
자신의 행동에
책임을 지지 못하는 사람

　술을 좋아하지만 자신이 나서서 술을 마시러 가자는 말을 좀처럼 하지 못하는 사람이 있다. 절대 "1차 정도는 같이 마시지." 또는 "동행하겠습니다."라는 말로 자신이 먼저 앞으로 나서는 적이 없다. 결국 술을 마시는 것에는 변함이 없음에도 불구하고 처음부터 적극적으로 행동하면 좋으련만, 왠지 머뭇거리며 내키지 않는 태도를 보이는 것이다.

　이런 소극적이고 사양하는 듯한 태도를 보이는 사람을 지켜보면 거기에는 한 가지 공통된 심리가 내재하고 있다.

　즉 자신의 행동에 책임지는 것을 피하려는 것이다. 위의 예를 보더라도 자신이 가장 좋아하면서도 마치 상대로부터 권유받았기 때문에 싫으면서도 억지로 술을 마시러 가는 듯한 상황에 자신을 놓고 있는 것이다.

이런 상대를 설득하기 위해서는 의식적이든 무의식적이든 상대에게 권유받았다는 형식을 취할 필요가 있다. 나중에 상대가 '변명'할 수 있는 상황을 미리 설정해 두는 것이다.

이것은 술을 마시거나, 모여서 카드놀이를 하는 영역에 제한된 이야기가 아니다. 이런 책임회피 경향이 유달리 강한 사람은 일에 있어서도 '과장의 명령이다.'라거나 '부장의 의견에 따랐을 뿐이다.' 등등의 비록 자신이 알고 한 일이라도 절대로 스스로 최종 책임을 지려고 하지 않고 무엇이든 타인의 책임으로 돌려버린다.

이런 사람은 무책임한 사람이기 때문에 가까이 하고 싶지 않다는 생각이 드는 것은 당연한 것이다. 그렇다고 해서 사람의 성격은 하루아침에 바뀌는 것이 아니어서 상대를 바뀌게 하는 것은 지극히 어려운 일이다. 오히려 어떻게 상대를 잘 움직이게 할까를 생각하는 편이 빠를 것이다.

예를 들어 기획서에 상사의 사인을 받는다고 할 때에는 상대에게 '나 참, 부하의 열의에 두 손 들었다.'라는 변명을 할 수 있는 여지를 남겨두는 것이다. 이런 상사는 그것이 성공했을 때, 마치 자신의 공인 것처럼 말하지만 진정한 공로자가 누구인지는 아는 사람은 다 알고 있을 것이다. 이처럼 진취성이 부족하고, 머뭇거리는 태도를 취하며 회피하는 타입의 사람이라면 먼저 앞질러서 '변명'을 준비해 두고 책임감을 덜어줄 필요가 있다. 이렇게 해서 이야기를 진행시키면 이런 타입의 사람은 의외로 간단히 설득에 응해서 자신도 모르는 사이에 자신 쪽으로 쏠리게 되는 것이다.

🤝 소극적이고 사양하는 듯한 태도를 보이는 사람을 지켜보면 거기에는 한 가지 공통된 심리가 내재하고 있다. 즉 자신의 행동에 책임지는 것을 피하려는 것이다.

03
'약'을 지나치게 강조하는 사람

'유사품에 주의하십시오.'라고 쓰인 상표가 붙은 모조품을 사용한 경험을 가진 사람이 많을 것이다. 이런 방법은 아무리 좋게 생각하려 해도 사기라고밖에 할 수 없다. 하지만 곰곰이 생각해 보면 그들이 한 수 위라고 할 수도 있을 것이다.

이런 유사상표와 같은 수법은 예전에 가정집들을 돌며 저질의 학습교재나 화장품 등을 팔던 악덕 세일즈맨이다. 그들은 한결같이 "세상에는 나쁜 업자들이 많이 있기 때문에 속지 않도록 주의하십시오."라는 친절한 충고까지 남기고 간다.

주부들은 설마 이 사람이 악덕 세일즈맨이라고는 상상도 못 한다. 그리고 그 세일즈맨이 몇 번이고 방문하는 사이, 자신이 불리한 조건임에도 불구하고 '이 사람은 믿을 수 있다.'는 안심감에 이끌려 세일즈맨에게서 물건을 구입하고 만다.

후일 다른 세일즈맨이 와서 얼마나 불리한 조건에 계약을 했는지 지적해도 이미 그때는 '엎질러진 물'이 되어버리고 마는 것이다. 그리고 그 세일즈맨이 진심 어린 충고를 해도 주부들은 좀처럼 믿지 않고 그를 쫓아버린다.

이런 피해를 당하지 않기 위해 그들의 수법을 분석해 보면 공통점이 있다는 것을 알 수 있다. 그것은 '악'을 지나치게 강조한다는 점이다. '악인'이 일부러 나쁜 수법을 공개해서 자신에게 이익이 되는 것 같은 일은 하지 않는다는 '선인'의 심리적 허점을 교묘히 이용하고 있는 것이다. "동업자의 나쁜 수법은 말하고 싶지 않지만 부동산업자 중에도 나쁜 사람이 있습니다. 저희들도 정말 애를 먹고 있습니다."는 말을 들으면 이 사람만은 예외라고 믿어버리는 것이다.

하지만 그들은 절대 자신은 예외라고 말하지 않는다. 예외라고 생각하는 것은 우리들의 마음이지, 그들은 타인의 악을 지적해서 주의를 다른 곳으로 분산시킴으로써 자신은 예외라는 것을 무언중에 주장하고 있는 것이다.

그럼에도 불구하고 순진한 어린아이처럼 속는 사람들이 끊이지 않는 것은 악을 지적해서 악을 감추는 원리에 인간이 얼마나 약한가를 잘 나타내고 있는 것이라 하겠다. 이런 수법이 공개된 이상, 그들은 더욱 교묘한 수법을 개발할 것이 분명하기 때문에 아무쪼록 주의해야만 한다. 더 진짜처럼 보이기 위해 악역을 맡은 동료를 데리고 오는 일 등은, 그들에게는 쉬운 일이다.

> 악덕 세일즈맨의 수법을 분석해 보면 공통점이 있다는 것을 알 수 있다. 그것은 '악'을 지나치게 강조한다는 점이다. '악인'이 일부러 나쁜 수법을 공개해서 자신에게 이익이 되는 것 같은 일은 하지 않는다는 '선인'의 심리적 허점을 교묘히 이용하고 있는 것이다.

04
냉정함과 정당한 자세

남에게 책임을 전가하기를 좋아하는 사람들이 있다. 어떤 일이 일어나면 자신이 나쁜 것은 아닐까라고 생각하는 사람과는 정반대의 사람이다.

예를 들어 이전에 필자가 동남아시아 여행을 했을 때, 여행객의 지갑을 훔친 현지인 남자가 붙잡히는 현장을 목격하고 어떻게 처리될 것인가 하고 유심히 관찰한 적이 있다.

남이 놓아둔 물건을 가지고 가려다가 붙잡혔기 때문에 보통은 "죄송합니다."라고 사과하면 될 것을 그 남자는 당당한 얼굴로 '뭘 그런 일로 소란을 피우는가.'라는 표정으로 "내가 뭘 잘못했

나. 분명히 지갑을 가지고 도망갔다면 도둑이지만, 아직 여기에 있기 때문에 도둑이 아니다." 하며 오히려 잘못은 상대에게 있다는 것 같은 표정이었다.

물론 어느 나라에서도 이런 억지가 통용될 리 없듯이, 남자는 바로 체포되었다. 단지 그 억지는 나름대로의 논리를 가지고 있었고, 그런 논리로 자신을 붙잡은 상대를 설득할 수도 있을 것 같았던 것도 사실이다.

우리는 보통 교통사고를 냈을 때, 절대 먼저 사과하면 안 된다는 말이 있다. 사과하면 자신의 죄를 인정하는 것이 되어서 모든 책임을 지게 되기 때문에 절대로 자신은 잘못이 없다고 말하는 것이라고 한다.

이런 사람은 피해의식으로 똘똘 뭉친 사람인 경우가 많다. 따라서 그들의 페이스에 휩쓸리지 않기 위해서는 그 논리를 반박할 수 있어야 한다. 즉 그런 상대에게는 무슨 말을 들어도 냉정하게 대응해서 죄를 인정하게 하면 된다. 적어도 비논리적으로 남에게 책임을 전가하는 행동을 하는 상대에게는 유효한 수단이 될 것이다. 상대의 페이스에 빠지면 자신과 관계없는 잘못까지 덮어쓰게 됨으로 냉정을 유지함으로써 상대를 자신의 페이스로 끌어들인다는 것이다.

중요한 것은 절대로 냉정함과 정당한 자세를 잃지 말아야 한다는 것이다. "그럼 도대체 어떻게 하면 될까." 하고 반문할 것이다. 포기하는 것 같은 말을 하는 것은 금물이다. 감정을 그대로 표출시켜 버리면 상대를 자신의 페이스로 끌어들이기는커녕 상대에게 휘둘리고 만다.

자신이 나쁜 사람이 되는 것 같아 당혹스러워도 표면상으로는 냉정함을 가장하고 끝까지 자신의 정당함을 주장하면 상대는 물러설 수밖에 없을 것이다.

> 상대의 페이스에 휩쓸리지 않기 위해서는 그 논리를 반박할 수 있어야 한다. 즉 그런 상대에게는 무슨 말을 들어도 냉정하게 대응해서 죄를 인정하게 하면 된다.

05
결단을 내리게 하는 비결

　필자의 친구 부인 중에 중매를 잘 서는 사람이 있다. 그 부인은 "결혼을 망설이고 있는 사람이라면 남자나 여자나, 100% 성사시킬 자신이 있어요."라고 호언장담한다.
　친구가 부부동반으로 집으로 놀러왔을 때, 그 비결을 물었다. 그 비결은 다음과 같았다. 망설이고 있는 이유를 묻는 것이 아니라 맞선인가 연애인가를 물으면 대부분 어느 한 쪽을 선택한다. 선택하면 옳거니 하고 자연스럽게 결혼이야기를 꺼내서 혼담을 성사시키는 방법이었다. 이 이야기를 듣고 필자는 크게 공감을 했다.
　이 경우 망설이고 있는 이유가 어디에 있는지를 생각해 보자.

결혼하려는 대상이 너무 막막하고 광범위하기 때문일 것이다. 선택이 너무 넓어서 어디서 어떻게 취사선택을 하면 좋을까 하고 망설일 수도 있다.

따라서 결혼을 망설이고 있는 사람을 결혼시키려고 한다면 결혼할 수밖에 없는 큰 선택은 제외시키고 연애인가 맞선인가 하는 구체적인 선택을 들이댄다. 그럼 상대는 결혼할까 말까라는 대전제의 검토는 이미 끝난 기분이 들고, 맞선과 연애 중에 어느 하나를 선택하게 되는 것이다. 이 방법을 응용하면 실로 많은 경우에 적용할 수 있을 것이다.

이런 심리 메커니즘은 심리학적으로는 오전제암시(誤前提暗示)라고 불리는 사실과 유사한 착각이라고 할 수 있다. 항상 심문을 하고 있는 베테랑 형사들에게 시계가 들어 있는 사진을 보이고 몇 분 후에 '몇 시였나.'를 물으면 정확히 맞추는 경우가 많다. 하지만 '3시였나, 9시였나.'를 물으면 '그렇게 물어보니 9시였던가.'라는 식으로 질문대로의 대답을 한다고 한다. 몇 시라고 묻지 않고 선택지의 범위를 좁혀서 3시인가 9시인가 구체적인 선택으로 물으면 비록 그것이 잘못된 선택지라도 선택하지 않으면 안 된다는 심리 메커니즘을 나타내는 것이라고 할 수 있다.

고등학교를 졸업하고 진학할 수 있는 능력이 충분히 있음에도 자신감이 없어서 취직이나 할까 하고 망설이고 있는 아이에게 진학할 용기를 갖게 하려면 마치 진학이 전제인 것처럼 하여 4년제로 갈 것인지 2년제로 갈 것인지를 선택하게 하면 되는 것이다. 구체적인 문제 앞에서는 추상적인 대전제가 되는 문제는 큰 문제가 되지 않는 것이다.

> 선택지의 범위를 좁혀서 구체적인 선택으로 물으면 비록 그것이 잘못된 선택지라도 선택하지 않으면 안 된다는 심리 메커니즘이 결단을 내리게 하는 비결이다.

06
'동조 심리'의 메커니즘

예전에 읽은 SF 소설 중에 이런 이야기가 있었다.

미국과 소련(현재의 러시아)이 치열하게 싸우다 핵미사일 버튼을 누르려는 순간에 화성인이 침공해 온다는 정보가 입수된다.

그러자 미국과 소련은 즉각 싸움을 멈추고 지구연합군을 구성해 일치단결하여 화성군에 대항한다는 것이다. 단순한 이야기였지만 지금도 왠지 뇌리 속에 인상 깊게 남아 있다. 곰곰이 생각해 보면 이것은 실로 단순한 심리 트릭의 응용이었다.

많든 적든 인간은 반드시 '동조 심리'라는 것을 가지고 있다. 극단적으로 말하면 남이 하고 있는 일을 하고 싶어 하고, 동료가 되고 싶어 하는 심리를 가리키는 것이다. 이것은 유행이라는 현상을 생각하면 알 수 있다. 다른 사람과 똑같은 상태로 되고 싶어 하는 마음이 유행을 좇아가게 만드는 것이다.

하지만 인간들끼리 싸우고, 반감을 가지고 있을 때에는 이 '동조 심리'는 억눌림을 당해서 겉으로 표출되지 않는다. 위에서 말한 SF 소설에서도 화성군이라는 미국과 소련의 공통된 적이 출현하고 나서야 '동조 심리'가 작용해서 연대한 것처럼, 내부에서 싸우고 있을 때에는 좀처럼 '동조 심리'의 메커니즘은 발동하지 않는다.

예를 들어 어떤 업계에서 앙숙인 두 회사가 있다고 하자. 소비자들이 두 회사 제품에 대해 불매운동을 하면, 이제껏 다투기만 했던 양사는 일치단결해서 대처하는 일은 종종 보아 왔다.

이것을 거꾸로 말하면 아옹다옹 다투기만 하고 좀처럼 협력하려고 하지 않는 상대를 화해시키거나, 반감을 가지고 있는 상대, 별 의욕이 없는 상대를 설득할 때에는 이 '동조 심리'의 메커니즘을 이용하면 되는 것이다.

한 유명한 작가는 같이 살고 있는 어머니와 아내의 사이가 좋다고 소문이 날 정도였다. 그 비결에 대해 질문을 받은 작가는 "뭐 별나른 비결은 없습니다. 제가 두 사람에게 미움을 받으면 되니까요." 즉 때때로 어머니와 아내에게 무리한 요구사항이나 문제를 들이대서 두 사람을 곤란하게 만든다고 한다. 그러면 두 사람은 서로 이구동성으로 그 작가의 험담을 늘어놓으면서 사이좋게 생활한다는 것이다.

실로 묘안이라고 이야기할 수밖에 없다.

🤝 아옹다옹 다투기만 하고 좀처럼 협력하려고 하지 않는 상대를 화해시키거나, 반감을 가지고 있는 상대, 별 의욕이 없는 상대를 설득할 때에는 '동조 심리'의 메커니즘을 이용하면 된다.

07
결정권을 가진 사람을
설득하기 위한 전술

얼마 전 한 프로야구 선수와 결혼한 여배우가 출연계약을 맺고 있던 영화에서 갑자기 도중하차했다는 기사를 잡지에서 읽었다. 그 여배우의 영화에서의 배역은 세상 모든 남성은 환영하더라도 약혼자에게만은 환영받지 못하는 역이었다. 제작사 측은 그녀에게 출연할 것을 설득했지만 그녀는 완고하게 고개를 저었고, 결국 협상은 결렬되었다고 한다.

이처럼 교섭상대의 배후에 남편이나 상사 등 결정권을 가진 사람이 있고, 배후사람의 의도에 따라 반대하거나 거절하고 있는 상대에게는 몸으로 부딪혀서 해결하는 식의 설득술로는 성공할 가망성이 희박하다. 왜냐하면 그들은 배후자가 말하는 대로 반대하거나 거절하고 있는 것이기 때문이다.

이럴 때, 그 배후자를 끌어들이는 포인트는 배후자(남편이나 상사)를 설득할 수 있는 재료를 교섭의 전면에 나서고 있는 당사자에게 부여하는 것이다. 즉 상대의 뒤편에 가려져 있는, 결정권을 가진 사람을 설득하기 위한 전술을 부여하는 것이다.

예를 들어 당신이 회사가 개발한 신제품을 팔기 위해 거래처를 방문했다고 하자. 그런데 몇 번이고 방문해도 담당자가 좀처럼 거래를 하려 들지 않는다. 더욱이 그 거부하는 태도가 본인의 의사와는 무관하게 보인다. 이런 때에는 담당자의 상사가 어떤 타입의 인물인가를 파악하는 것에 전력을 기울여야 한다. 그 위에 "귀사의 과장은 숫자에 강하기 때문에 이 숫자를 보여주면 오히려 칭찬을 받을 것입니다."라는 식으로 상사를 설득할 수 있는 힌트를 제시하는 것이다.

위 예에서와 같이 구체적인 방향을 제시하면 담당자는 단순한 전달자가 아닌 세일즈맨 측의 대변인 역할을 해주게 된다.

입장을 바꾸어 말하면 이런 설득술을 절묘하게 이용해서 성과를 올리고 있는 세일즈맨으로부터 자신을 지킬 수도 있는 것이다. 이전에 필자는 한 잡지에서 '거절의 테크닉'이라는 특집기사를 읽은 적이 있다. 그중에 세일즈맨의 감언에 놀아나서 필요하지도 않은 상품을 사게 된 독자의 어이없는 체험담이 몇 개 실려 있었다.
　예를 들어 한 주부의 경우에는 '만약 남편이 반대하시면 일류 기업 과장 이상의 70%가 이것을 지지하고 있다는 것을 전해 주십시오.'라는 한마디가 결정타였다고 한다. 필요 없는 상품을 사지 않기 위해서는 이런 대변자 작전을 간파할 수 있어야 한다.

> 교섭상대의 배후에 남편이나 상사 등 결정권을 가진 사람이 있고, 배후 사람의 의도에 따라 반대하거나 거절하고 있는 상대에게는 몸으로 부딪혀서 해결하는 식의 설득술로는 성공할 가망성이 희박하다.

08
집중되고 있는 힘을 분산

한 회견장에서 공직에 있는 유명인사에게, 신문기자가 "공직에 있으면서 애인을 네 명이나 두고 있는 것은 말도 안 된다."고 말하자 유명인사는 이렇게 이야기했다.

"먼저 정정해 두겠는데 내 애인은 네 명이 아니라 다섯 명이다. 정확한 보도를 부탁한다."고 대답했다.

그 순간 회견장 안은 폭소가 터져 나왔고, 신문기자는 풀이 죽어 씁쓸한 표정으로 더 이상 질문을 하지 못했다고 한다.

논적(論敵)을 공격하는 테크닉 중 하나에 '일점돌파법(一點突破法)'이라는 것이 있다. 상대의 약점을 발견하면 그곳만을 겨냥해서 전력을 다해 집중포화를 가하는 방법이다. 이것이 먹혀들면 공격을 받는 측은 시종 수동적이 되고 견디다 못해 두 손 들게 된다.

위의 에피소드에서 만약 그 공직자가 신문기자의 질문공세에 당황하거나 머뭇거렸다면 더 많은 질문공세에 시달리다 두 손 들게 되었을 것이다. 이미 계산된 답변이었겠지만 그는 익살스런 답변을 함으로써 신문기자의 일점집중공격에서 능숙하게 빠져나갈 수 있었던 것이다.

일점돌파법은 문자 그대로 공격의 파워가 한 점에 집중되고 나서야 위력이 발휘되는 것이다. 따라서 이것을 피하기 위해서는 집중되고 있는 힘을 분산시켜 버리는 것이 가장 효과적인 방법이라는 것은 말할 필요도 없다. 즉 상대의 말꼬리를 잡아서 '애인은 네 명이 아니라 다섯이다.'고 대답함으로써 공격목표를 분산시켜 논쟁의 초점을 흩뜨려 놓은 것이다.

학원 데모가 활발한 때에 한 대학교수가 이런 '공격 원동력 분산법'을 의도적으로 사용해서 강의 보이콧의 위험을 넘긴 경우도 있다. 그 교수의 강의시간에 운동권 학생들이 '정부에 협력하는 내용의 강의는 거부하자.'라고 호소했다.

이것을 교단에서 듣고 있던 교수는 "이 시간을 보이콧한다면 내가 하고 있는 다른 강의는 어떻게 할 것인가. 같은 체제협력자가 하고 있는 강의인데도, 이 강의를 보이콧하며 다른 강의는 보이콧하지 않는 것은 이치에 맞지 않는다."라고 공격목표를 분산시켜서 상대의 에너지를 분산시켜 버렸던 것이다.

🤝 일점돌파법은 문자 그대로 공격의 파워가 한 점에 집중되고 나서야 위력이 발휘된다. 따라서 이것을 피하기 위해서는 집중되고 있는 힘을 분산시켜 버리는 것이 가장 효과적인 방법이다.

09
이쪽의 잘못을 쉽게 인정

　최근에 어떤 정치가가 야당의 공세를 받고 있는 장면을 TV에서 본 적이 있다. 지금까지 느긋하고 태연하게 야당의 질문을 피해가는 정치가가 많았던 것에 비하면 이 정치가는 많이 다른 듯했다. 이 사람의 경우는 자신이 오히려 화를 내는 '역성'형 답변을 했다.

　필자가 보았던 것은 이런 장면이었다. 야당의원이 "당신은 매파지요." 하고 득의양양한 얼굴로 단언하자, 이 정치가는 태연한 얼굴로 "매파가 어떤 의미인지 정확히는 모르지만 모두가 그렇게 말하기 때문에 매파라고 생각합니다."라고 답변한 것이다.

그런 말을 들으면 부정당할 것을 전제로 매파라는 증거를 들이대려고 잔뜩 준비하고 있던 야당의원은 맥이 풀려 '말문이 막히는' 심리상태에 빠지고 말 것이다. 실제로 그 장면에서 그토록 기세등등했던 야당의원도 바로 화제를 바꾸고 말았다.

설득하려는 쪽이 공격형인 경우 그들은 자신이 상대에게서 공격당하면 심하게 저항하는 타입이기 때문에 상대방도 그렇다고 믿고 있다. 그런데 의외로 너무 쉽사리 잘못을 인정하거나, 받아넘기면 맥이 풀려버릴 것이다.

그리고 공격력이 둔해진 것과 자신이 의외라고 느끼고 있다는 것을 상대가 눈치 채지 못하게 하기 위해 쓴웃음을 짓거나, 화제를 바꾸어서 은근슬쩍 넘어가려고 한다. 이것을 거꾸로 응용하면 공격형 인간을 설득하거나, 공격의 화살을 맞받아치는 경우에는 이쪽의 잘못을 쉽게 인정하는 것도 하나의 방법이라는 것을 알 수 있다.

설득이나 논쟁이 그 내용보다도 그 시점에서의 심리적 우위를 확보하는 것으로 자신이 생각하는 방향으로 유도할 수 있다는 것은 소위 설득술의 기본이다. 자신의 잘못을 인정하는 것은 잠깐 생각하면 그 시점에서 상대에게 굴복하는 것이라고 생각할지 모르지만 실제로는 전혀 다른 것이다. 어디까지 전면타협하지 않기 위한 방편이며, 테크닉이다.

"그 점은 확실히 내가 잘못한 것이다."

이 한마디만으로 상대의 지배하에 있던 그 장소의 분위기가 바뀌어서 주도권을 되찾아올 수가 있는 것이다.

> 🤝 공격형 인간을 설득하거나, 공격의 화살을 맞받아치는 경우에는 이쪽의 잘못을 쉽게 인정하는 것도 하나의 방법이다.

10
의식적으로 경어를 사용

베테랑 세일즈맨에게 속아서 불필요한 보험에 가입하거나, 상품을 산 경험은 누구나 가지고 있을 것이다. 왜 그들에게 설득당하는 것일까, 생각해 보면 그들은 여러 가지 수단과 방법, 상품을 바꾸면서 이쪽의 심리적 상황을 잘 이용하기 때문이다. 상대의 설득에 지지 않는 설득술을 알아둘 필요가 있다.

세일즈의 비결 중에 상대의 경계심을 무너뜨리고, 현관문을 열게 하면 절반은 성공한 것이라고 말한다. 즉 집 안으로 들이지 않는 것이 가장 간단하고 효과적인 퇴치법이다.

비록 현관에 들어섰다고 하더라도 몸을 상대에게 돌리지 않고,

시선을 맞추지 않는 냉정한 태도로 일관하면 절대로 '마음의 현관'까지 들어올 수 없다. 상대와의 심리적 접촉을 피하면 아무리 유능한 세일즈맨일지라도 설득할 기회를 잡을 수 없을 것이다.

하지만 일단 친한 사이가 되면 이미 이 방법은 쓸모가 없다. 첫 대면이라면 몰라도 친한 상대에게 냉정한 태도를 보이면 상대에게 상처를 주게 된다. 설사 눈앞의 요구를 적당히 거절했다고 해도 근본적인 인간관계까지 금이 가는 경우도 발생하기 때문이다.

이런 때 상대의 마음에 상처를 주지 않고 더욱이 요구를 거절할 수 있는 효과적인 방법은 의식적으로 경어를 사용해서 상대와의 심리적 거리감을 두는 방법이 있다.

가정재판소의 조정위원으로 활동하고 있는 한 시인에 의하면, 이혼조정 중의 부부에게는 타인처럼 경어를 사용해서 이야기하게 하는 경우가 많다고 한다. 이것은 서로 상대에 대한 친근함이 없다거나, 반대로 미움 때문에 심리적 거리가 벌어졌다는 무의식의 표현이라고 한다. 또는 자신보다 연하의 상대라고 해도 첫 대면인 경우는 경어를 사용하는 것이 일반적인데, 이 또한 심리적 거리감이 먼 상태이기 때문이다.

이처럼 우리들은 인간관계의 소밀(疏密), 달리 말하면 심리적 거리감에 따라서 무의식중에 경어를 구분해서 사용하고 있는 것이다. 따라서 친한 사이에 의식적으로 경어를 사용하는 것은 상대와의 심리적 접촉을 피하고 싶다는 완곡한 의사표명이라고 말할 수 있다.

상대는 '서먹하다.'고 느낄지도 모르지만 심리적 거리감이 벌어지면 적어도 무리한 요구를 해오는 경우는 없을 것이다.

> 🤝 상대의 마음에 상처를 주지 않고 더욱이 요구를 거절할 수 있는 효과적인 방법은 의식적으로 경어를 사용해서 상대와의 심리적 거리감을 두는 것이다.

11
난공불락의 상대를 설득

　필자와 친하게 지내는 한 잡지사의 편집장은 바쁜 저자에게 원고청탁을 받아내는 명인으로 알려져 있다. 그다지 말이 유창한 것도 아닌 그가 '바빠서 지금은 무리'라고 거절하는 상대를 설득하는 문구는 단 하나이다.

　"물론 선생님이 바쁘신 건 잘 알고 있습니다. 바쁘신 선생님이시기 때문에 꼭 써주시길 부탁드리는 겁니다. 한가한 사람에게 이번 원고의 취지에 맞는 글을 기대할 수는 없기 때문입니다."

　그의 말에 따르면 이 방법으로 실패한 적은 한 번도 없다고 한다. 일반적으로 거절하는 이유가 분명한 상대를 설득해서 승낙을 얻어내는 것만큼 어려운 일도 없다고 한다. 비록 상대편에게 납득할 만한 이유가 있고, 또한 그것을 사전에 잘 알고 있는 경우라면 용건을 꺼내기 전부터 단념을 하고 있을 것이다.

이런 부류의 사람은 확실한 심리적 방어도 되어 있기 때문에 '그래도 어떻게 좀 부탁드립니다.'라고 물고 늘어져도 서로 긴장감만 커질 뿐 설득은 불가능하다. 이런 난공불락의 상대를 설득하기 위해서는 위의 편집장처럼 상대가 주장하는 거절의 이유를 그대로 칭찬의 말로 전환하는 방법이 효과적이다. 즉 상대의 '노'의 이유가 이쪽이 의도하던 요구라는 것을 설득하는 것이다. 상대는 내키지 않는 표정을 지으면서도 의외로 기분 좋게 이쪽의 부탁에 응해올 것이다.

반대로 이런 테크닉을 숙지하고 있는 화장품 세일즈맨의 경우에는 주의가 필요하다. 화장품 세일즈맨들은 처음으로 방문한 집에서 '노'라는 반응을 보일 거라고 충분히 예견하고 있다. 또 그 이유가 '그런 화장품은 필요 없다.'는 말이라는 것도 잘 알고 있다. 더욱이 감정적이 되기 쉬운 여성을 일단 화를 나게 하면 절대로 되돌릴 수 없다는 것도 잘 알고 있다.

따라서 그녀(화장품 세일즈맨)들은 말한다.

"그렇고말고요. 사모님의 피부를 봤을 때부터 이런 화장품 따위는 필요 없을 거라고 생각했습니다."

이 말을 듣고 조금이라도 마음이 동하지 않는 여자들은 없을 것이다. 상대편에서 "하지만 여름 햇살이 너무 따가워서……."라고 말을 꺼내기 시작하면, 그 말과 더불어 지갑도 열린 것과 마찬가지이기 때문에 부디 주의해야 한다.

　　🤝 난공불락의 상대를 설득하기 위해서는 상대가 주장하는 거절의 이유를 그대로 칭찬의 말로 전환하는 방법이 효과적이다.

12
충격이 완화되는 심리 메커니즘

이전에 두 사람의 재판관이 골프장의 경영자에게서 뇌물을 받았던 사건이 있었다. 도산한 골프장의 재건에 관한 심사에서 편의를 봐준 사건이었는데, 골프장 경영자가 현직 변호사여서 세간의 주목을 끌었다. 쌍방이 법률 전문가였고, 더욱이 그들의 일이 평소에 냉철한 눈으로 선악에 대한 가치판단을 해야만 하는 입장에 있는 재판관이 어째서 이처럼 쉽게 법에 저촉되는 행동을 하게 되었던 것일까.

최근에는 여러 가지 물의를 빚고 있는 재판관들이 있어서 사소한 일로는 놀랄 만한 일은 아니라고 하더라도, 대부분의 사람은 이해할 수 없을 것이다. 여기에는 교묘하게 의도된 함정이 존재했음에 틀림없다. 실제로 뇌물을 준 변호사는 실로 인간심리 메커니즘을 교묘히 이용한 방법을 쓰고 있었다.

먼저 골프채를 보낼 때에는 "이건 제가 쓰던 것입니다. 똑같은 게 있어서, 제가 쓰던 거지만 괜찮으시면 사용해 보십시오."라는 말을 들으면 별 거리낌 없이 받기가 십상이다.

골프 라운드가 끝나고 요금을 정산할 때에는 "제가 졌으니까." 하며 번번이 향응을 베풀었던 것 같다. 즉 뇌물이 아니다. 마음의 표시라는 것을 강조하면서 사실은 뇌물을 건네고 있었던 것이다.

쓰던 것이라는 말을 들으면 비록 신품이나 고가의 물건이라도 가볍게 받아들이는 것이 인간의 심리이다. 또 처음에 싼 물건, 변변찮은 물건을 받으면 나중에 뇌물성의 고가의 물건을 받아도 둔감해지는 것이 인간의 심리이다. 재판관이 보통사람들 이상으로 법에 저해되는 행위에 관해서는 민감해야 함에도 너무나 쉽게 걸려든 것은 이 인간심리의 허점을 이용당했기 때문일 것이다. 이런 설득법에는 정의감이 넘치거나 온전한 사람일수록 약한 경향이 있기 때문에 주의가 필요하다.

전기쇼크 실험에서도 처음에는 높은 전류를 흘리면 누구라도 쇼크를 느끼지만 서서히 전류의 높이를 바꿔서 흘리면 그다지 쇼크를 느끼지 않는다. 따라서 이 원리를 악으로의 유혹이 아닌, 원

대한 목표에 대해서 겁을 먹고 있는 사람에게 한 발을 내딛게 하기 위해 사용하면 효과가 있다. 풀장의 물을 무서워하는 아이도 처음에는 물장난이나 냇가에서 물에 익숙해지게 만들어 간다. 천리 길도 한 걸음부터라는 말처럼 모든 것은 처음의 일 보가 중요한 것이다.

🤝 쓰던 것이라는 말을 들으면 비록 신품이나 고가의 물건이라도 가볍게 받아들이는 것이 인간의 심리이다. 또 처음에 싼 물건, 변변찮은 물건을 받으면 나중에 뇌물성의 고가의 물건을 받아도 둔감해지는 것이 인간의 심리이다.

설득을 위한 명언

♣ 아부는 우리들의 허영심 덕분에 통용되는 위폐이다. 〈라 로슈프코〉

♣ 어떤 현인에게도 타인의 충언이 필요하고 유효할 때가 있다. 〈토마스〉

♣ 남자는 여자에게 거짓말만을 가르치고, 또 여자에게 거짓만을 말한다. 〈프로벨〉

♣ 듣는 사람은 아무것도 이해 못 하고, 말하는 사람도 마찬가지로 이해하고 있지 않다. 이것이 형이상학이다. 〈볼테르〉

♣ 분노는 타인에게 유해하지만, 본인에게는 더 유해하다. 〈톨스토이〉

♣ 먼저 사실을 파악하라, 그리고 생각대로 곡해하라. 〈마크 트웨인〉

♣ 일반적으로 인간은 기회만 있으면 악을 행하는 존재이다. 〈아리스토텔레스〉

♣ 500원을 빌려서 반밖에 받지 못하는 것보다 100원을 주는 편이 낫다. 〈토마스 후라〉

♣ 항상 일화만을 말하는 것은 언변이 없다는 증거다. 〈라 브튜이엘〉

♣ 여성은 말을 발견하고 남성은 문법을 발견했다. 〈조지 스튜어트〉

♣ 여자는 때때로 변심한다. 여자를 신용하는 자는 어리석은 사람이다. 〈프랑소와 1세〉

♣ 인간은 언어에 의해서만 인간이다. 〈스탕달〉

♣ 굶주린 개는 고기밖에 믿지 않는다. 〈체호프〉

chapter 2
'욕망을 꿰뚫어보는' 설득심리술

꾸중을 들은 후의 사람의 마음에는 꾸짖은 상대에 대한 증오, 반항심 또는 자신은 무능력자라는 낙인이 찍힌 것이 아닌가 하는 불안감 등으로 가득 차 있다. 이것이 신뢰의 상실로 이어지는 경우도 적지 않다. 따라서 꾸짖을 것은 꾸짖고, 질책과 서로 간의 신뢰관계는 다른 것이라는 것을 알게 할 필요가 있다. 칭찬과 웃음이 바로 이것이다.

01
두사람의 심리적 거리

　총리대신으로 취임 후 처음으로 미국을 방문한 나카소네 야스히로 씨가 레이건 대통령과 회담할 때, 서로 '론', '야스'라고 부른 것이 화제가 된 적이 있다. '론'이라는 건 레이건 대통령의 라스트 네임인 로널드의 약칭이다. 또 '야스'는 나카소네 야스히로의 '야스'이다. 나카소네 씨는 이런 호칭으로 부를 정도로 두 사람의 회담이 친밀하고 우호적인 분위기였다는 것을 강조하고 싶었던 것임에 틀림없다.

　확실히 서로의 이름으로 부를 수 있다는 것은 매우 친한 사이가 아니고서는 할 수 없는 것이다. 처음 만나는 사람에게 명함을 받았다고 해서 상대의 이름을 부르는 사람은 없을 것이다. 처음에는 '선생님'으로 부르거나, 어느 정도 교제가 깊어지면 이름을 부르기도 한다. 그렇다고 해도 호칭을 이름으로 부르게 되는 것은 상당히 친밀한 관계가 아니면 있을 수 없는 일일 것이다.

심리학적 측면에서도 두 사람의 심리적 거리가 좁아짐에 따라 호칭이 '직함'→'성'→'이름' 순으로 바뀌어가는 것은 입증된 사실이다. 이것을 '설득술'에 응용할 방법은 없을까. 즉 지금은 그다지 친하지는 않지만 빠른 시간에 친해지고 싶은 상대가 있다고 하자. 이럴 때, 상대의 호칭을 의도적으로 바꾸어보는 것이다.

필자가 주례를 섰던 제자가 있었다. 두 사람이 친해진 계기를 들었을 때, 여성이 어느 날 갑자기 'ㅇㅇㅇ 씨!'라고 불려서 어쩐지 친근감이 생기기 시작했다고 한다. 그때까지 남자는 여자의 성과 이름을 함께 부르고 있었다고 한다. 그런데 어느 날 이름으로 부르고 있다는 걸 알았을 때, 남자와 여자의 마음의 심리적 거리가 일시에 가까워지는 걸 느꼈다고 했다.

이 두 사람의 경우에도 그때까지 단순히 '친구 사이'였지만, 호칭을 바꾸는 것으로 갑자기 이성적 관계, 즉 '연인 사이'로 바뀐 것이다. 호칭이 마음에 끼치는 심리적 영향은 이 정도로 크다는 것을 알 수 있는 예이다.

이쪽의 마음을 좀처럼 알아주지 않는 상대는 때때로 심리적인 거리감이 멀게 느껴지고 있는 것이기 때문에 일부러 그런다는 인상을 주지 않도록 호칭에 친밀감을 전하면, 문제는 의외로 빨리 해결되기도 한다.

> 🤝 심리학적 측면에서도 두 사람의 심리적 거리가 좁아짐에 따라 호칭이 '직함'→'성'→'이름' 순으로 바뀌어가는 것은 입증된 사실이다.

02
운명이나 우연에 의지하고 싶은 마음

　전국에서 다섯 손가락 안에 든다는 보험설계사 여성과 대담할 기회가 있었다. 그녀는 얼핏 극히 평범한 중년여성으로 그렇게 대단한 세일즈우먼이라고는 보이지 않았다. 말도 더듬거려서 처음에는 '어떻게 이런 여성이.' 하고 생각할 정도였다.
　그런데 이야기를 듣고 나서는 '아, 이래서 그렇구나.'라는 생각이 들었다. 그녀는 여성을 상대로 생명보험을 권유할 때에는 반드시 '운명'을 강조한다고 한다.
　예를 들어 이런 이야기를 한다고 한다.
　"저도 운명은 믿지 않는 편이지만, 아무래도 당신을 가입시켜야만 한다는 운명 같은 것을 느낍니다."고 말을 꺼낸다. 그리고 "얼마 전에 제가 권해서 가입한 고객이 가입하고 2개월 정도 지나서 남편이 갑자기 돌아가셨습니다. 그분은 길에서 그것도 같은 곳에서 3번이나 우연히 만난 부인이었습니다. 그 운명 같은 만남을 인연으로 가입하셨는데……."

물론 그녀가 말하는 내용은 거짓말이 아니다. 단지 '얼마 전'이라는 시기가 아직 생명보험판매를 시작하고 반 년 정도가 지난 시기였다는 것 외에 거짓은 없었다.

여성뿐만이 아니라 분명히 점이나 운명론에 약한 경향을 가진 사람에게는 이런 화술이 효과적이라는 것을 알고 있던 그녀는, 그 후에도 계속 이 '운명론'을 활용해온 것이다.

미국에서는 물론 우리나라에서도 붐이 되었던 「실루엣 로망」이라는 소설 시리즈가 있다.

소위 남자와 여자의 러브 로망 소설인데, 이 시리즈에서 남자와 여자의 만남에서 가장 많이 사용되는 것이 '운명'이다. 손수건을 주워준 남자가 여자를 보고 '첫사랑 여인과 똑같다.'고 느낀 여인을 파티에서 우연히 만나, 드디어 본격적인 러브 로망스가 시작되는 것이다.

왜 이런 단순한 스토리가 인기를 끌고 있는가 하면 인간은 우연에 대한 일종의 신비감을 느끼고 있기 때문이다. 인간에게는 앞날이 보이지 않기 때문에 조금이라도 운명이나 우연에 의지하고 싶은 마음이 있어서 '기적'이라거나 '신기한 인연'이라는 말을 들으면 어쩐지 친밀감을 느끼게 되는 것이다.

   친해지고 싶은 상대가 있다면 몇 번이고 우연을 일으키는 것도 허용되지 않을까. 평소에는 그런 운명론을 믿지 않는 사람도 반복되면 믿기 시작할 것이다.

> 인간에게는 앞날이 보이지 않기 때문에 조금이라도 운명이나 우연에 의지하고 싶은 마음이 있어서 '기적'이라거나 '신기한 인연'이라는 말을 들으면 어쩐지 친밀감을 느끼게 된다.

03
말투 하나로 목적을 달성

자주 경험하는 것이지만, 이야기의 내용은 전혀 기억하지 못하면서, 묘하게 인상이 깊게 남는 사람이 있다. 그런 사람은 나중에 생각해 보면 한결같이 '열정적인 말투'로 이야기하거나 '성실하게' 말을 한다거나 또는 '몸짓이나 손짓을 섞어가며 이야기'하면서 듣는 사람을 매료시키는 사람이다.

보통 낯선 사람과 동석해서 이야기하는 경우, 말의 내용만 머리에 남는다고 하는 것은 절대 있을 수 없는 일이다. 말하는 사람이 빚어내는 분위기나 말투는 항상 이야기의 배후에 엿보이고 있다. 심리학 용어로 말하면 말의 내용이라는 '지도'는 항상 말투라고 하는 '땅'과 더불어 듣는 사람에게 지각되고 있는 이치와 같다. 그리고 이 '지도'와 '땅'은 때때로 역전된다는 것도 심리학에서는 상식이다.

즉 듣는 사람에게 말투는 말의 내용보다 큰 비중을 차지하는 장면도 흔한 일이다. 말하는 사람의 톤이나 동작이 '지도'로 듣는 사람의 의식의 전면에 나와서 말의 내용은 마치 배경음악처럼 '땅'으로 의식의 배후로 물러난다. 종종 있는 일이지만, 젊은 여성은 애인의 실제 성격이나 말의 내용에 상관없이 '착한 사람', '좋은 사람'이라고 인지하는 것도 바로 이러한 이치이다.

이 심리학의 원리를 응용하면 설득의 장면에서도 무언가를 결정하거나, 말의 내용을 정리하는 것은 그다지 문제가 되지 않는다. 또 상대에게 강한 인상을 주는 것이나, 우선 신뢰관계를 만드는 것이 중요한 경우에 말투 하나로 목적을 달성하는 것이 가능하다.

가장 전형적인 케이스는 말이 능숙한 남성이 여성을 유혹할 때일 것이다. 남성이 무언가를 열정적으로 말하고 있는 옆에서, 상대 여성은 눈을 반짝이면서 이야기에 푹 빠져 있는 광경을 종종 발견한다. 이럴 때 남성은 예외 없이 그다지 중요하지 않은 이야기를 열심히 얘기하고 있는 것이다. 음악 이야기나, 영화 이야기, 패션 이야기, 기껏해야 이런 이야기일 것이다. 물론 철학이나 경제 이야기라도 상관없다. 상대 여성은 말의 내용이 들쭉날쭉해도 이미 말하는 사람의 열기에 매료되어 있기 때문에 이야기의 내용 따위는 어떤 것이라도 좋은 것이다. 누구라도 관심이 없는 상대와 열심히 이야기하는 경우는 없다. 그런 의미에서 그는 뜻밖에 훌륭한 설득술을 체득한 것이라고 말할 수 있다.

> 듣는 사람에게 말투는 말의 내용보다 큰 비중을 차지하는 장면은 흔한 일이다. 또한 상대에게 강한 인상을 주는 것이나, 우선 신뢰관계를 만드는 것이 중요한 경우에 말투 하나로 목적을 달성하는 것이 가능하다.

04
이해관계가 없는 제삼자의 정보

한 거대 통신회사의 주가가 거짓정보로 큰 폭으로 하락해서 화제가 된 적이 있다. 이 회사는 크레디트 붐을 타고 급성장한 회사로, 주가가 하락하는 일은 전혀 생각할 수 없을 정도로 실적이 좋은 회사였다. 그런데 '대부금을 받을 수 없게 되었다.', '융통어음을 발행하고 있다.', '한 달 내에 도산한다.' 등의 근거도 없는 소문이 유포되어서 팔자주문이 쇄도한 것이다. 다행히 주식거래소에서 경영자와 거래은행이 상황을 설명해서 별탈은 없었지만, 앞서 말한 것처럼 때때로 소문은 대단히 커다란 힘을 발휘한다.

인간심리상 무책임한 소문은 가벼운 마음으로 타인에게 전달하게 되는 경향이 있다. 더욱이 일부러 전달하려는 적극적인 의사가 없는 만큼, 오히려 신빙성이 높아지는 것이다. 그리고 여기에는 부풀려지는 경우도 적지 않기 때문에 '그 사람은 여자에게만 친절하다.'→ '그 사람은 여자만 보면 정신이 없다.'→ '그 사람은 여성 편력이 심하다.'→ '그 사람은 지금까지 셀 수 없을 정도로 여자를 울렸다.'라는 식으로 말이 눈사람처럼 커져서 당사자도 놀랄 정도로 말이 왜곡되어져 버리기도 한다.

　이러한 정보전달의 공식은 잘만 사용하면 플러스가 되는 경우도 있다.

　예를 들어 유명 연예인끼리 결혼을 하게 되는 경위도 바로 소문에서부터 시작된 경우가 있다. 어느 유명한 연예인 부부인 두 사람은 몇 번인가 공연은 같이 한 적이 있지만, 서로 이성으로 의식한 적은 없었다고 한다. 그런데 몇 번인가의 공연이 '결혼 임박?'이라는 소문의 시초가 되었다. 주위에서도 두 사람을 그런 눈으로 보게 되었고, 이윽고 두 사람이 결혼을 결심한 것은 그로부터 얼마 지나지 않아서였다. 소문이 뜻밖의 결과를 초래한 것이다. 그 후로부터 수십 년 동안 우여곡절은 있었지만 그들은 금실이 좋은 중년의 연예인 부부로 잘살고 있다.

　또 위의 정보전달 공식을 잘 이용하면 잘못된 정보를 정정하기 위해서라도 사용할 수 있을 것이다. 상대를 믿게 하기 위해 넌지시 또한 마치 타인에게 들은 소문인 것처럼 상대에게 말하는 것이다. 그것도 '이런 이야기를 들은 적 있는데 정말일까.'라고 자신도 아직 믿고 있지 않은 것처럼 말하는 것이다.

🤝 직접 자신의 의견이나 정보인 것처럼 말하면 어떤 의도를 느끼게 하는 경우라도, 전혀 이해관계가 없는 제삼자의 정보라고 하면 상대의 믿음도 전혀 달라진다.

05
상대가 자발적으로 들어야겠다는 자세

작가이면서 절의 주지였던 한 스님은 말을 잘하기로 소문이 나 있었다.

문단의 모임에서도 다른 사람이 말할 때에는 시끄럽던 장내가 그 스님이 말할 때에는 조용해진다.

한 파티의 연설을 부탁받았을 때, 단상에 오른 그 스님은 회의장이 잠잠해질 때까지 아무 말도 하지 않고 기다렸다. 그러자 여기저기서 사람들 간에 귓속말이 오고가더니 찬물을 끼얹은 듯이 조용해졌다. 그 순간을 간파한 스님은 '정말 시끄럽구먼. 아귀다툼을 하는 것도 아니고, 거 좀 조용히 하시오.'라고 했다. 사람들은 스님의 말투에 자신들도 모르게 웃음이 나오면서, 그 순간부터 스님의 페이스에 말려들었던 것이다.

　필자는 강연 때에 회의장이 소란스러우면 의식적으로 목소리를 낮추거나, 완전히 입을 다물어 버리기도 한다. 이렇게 하는 것으로 청중에게 '무슨 말을 하고 있는가.', '왜 잠자코 있는 건가.'라는 생각이 들게 하여 주의를 이쪽으로 향하게 할 수 있기 때문이다. 만약 반대로 소란스러움에 대항해서 목소리를 점점 더 크게 올리거나, 침을 튀기면서 역설하려고 하면 어떻게 될까. 대부분의 경우 이런 분투는 혼자만의 싸움으로 끝나는 경우가 부지기수이다.

　강연과 같이 한 사람과 다수가 아닌, 일 대 일의 경우에서도 마찬가지이다. 이쪽이 열심히 말하고 있는데도 도무지 맞장구를 쳐주지 않거나, 신문을 읽는 사람이 종종 있다. 그런 태도를 보임에도 불구하고 이쪽이 계속해서 말을 하면 그는 우습게 생각할 것이다. 즉 심리적으로 상대편이 우위에 있을 때 이런 케이스가 많은 것이다. 말하는 사람이 매달리고 있다고 생각할 때에는 교만한 태도를 취한다는 말이다.

　따라서 이와 같은 상대에게 같은 태도의 화법을 유지하면 오히려 상대의 의도에 빠질 뿐이다. 이쪽이 얼굴을 붉히면서 설득하려 할수록 상대는 점점 더 차가운 태도를 보일 뿐이다. 소귀에 경 읽기라는 속담처럼, 이미 이쪽의 말하는 음성은 상대에게 단순한 백

그라운드 음악으로 전락해 버렸기 때문이다. 즉 열심히 하고 있는 설득도 '음'으로 밖에 들리지 않는 것이다.

여기서 말 도중에 목소리 볼륨을 갑자기 낮추거나 잠깐 침묵해서 '음'에 변화를 가미해본다. 큰 소리에는 귀를 막고, 마음을 닫아버리는 상대라도 작은 목소리나 침묵에는 상대가 오히려 몸을 내밀고, 다가서서 감각기관을 열 것이다.

상대가 자발적으로 들어야겠다는 자세야말로 이쪽의 의도를 자연스럽게 무리 없이 받아들이는 마음으로 만들어주는 것이다.

🤝 말 도중에 목소리 볼륨을 갑자기 낮추거나 잠깐 침묵해서 '음'에 변화를 가미해본다. 큰 소리에는 귀를 막고, 마음을 닫아버리는 상대라도 작은 목소리나 침묵에는 상대가 오히려 몸을 내밀고, 다가서서 감각기관을 열 것이다.

06
'대답은 하나밖에 없다.'는 단정

어떤 판단을 내릴 때, 망설임 때문에 미로에 빠져서 좀처럼 결론을 내릴 수 없었던 경험은 누구나 가지고 있을 것이다. 이럴 때에 누구나 타인의 조언을 듣고 싶어진다. 그것도 확실한 대답을 얻을 수 있는 조언을 듣고 싶어 한다. 그리고 이런 심리특성은 설득술로 잘 이용할 수 있다.

예를 들어 가구판매점에서 고객이 원탁테이블로 할까 사각테이블로 할까 고민하고 있을 때, 원탁테이블은 어떤 장점이 있고, 사각테이블은 이런 점이 편리하다고 상세히 설명하기 시작하면 고객은 절대 어느 쪽도 사지 않고 돌아가 버릴 것이다. 이런 경우에서는 '손님과 같은 경우에는 원탁이 좋습니다.'라고 단정 지어 말하는 법이 프로의 수법이다.

고객은 그 한마디로 '이걸까 저걸까'의 망설임에서 벗어나서 살 마음이 들게 되는 것이다. 어떤 현직 형사에게 들은 이야기지만 용의자를 자백하게 만드는 테크닉 중 하나가 반복해서 다음과 같이 말하는 방법이 있다고 한다.

"어차피 당신은 자백할 수밖에 없을 것이다. 나한테 걸려서 자백하지 않은 사람은 없다. 그러니까 당신도 반드시 자백하게 될 것이다."

용의자가 정말로 범죄를 저지르고 있다면 자백을 할 것인가, 시치미를 뗄 것인가로 마음속에 갈등이 생길 것이다. 이 형사와 같이 단정법에 의한 암시를 반복해서 주입하면 마음의 벽에 구멍이 뚫리기 시작해서 자백할 수밖에 없다는 심정으로 몰리게 되는 것이다.

놀랄 만큼 단순한 테크닉이지만 이 단정법을 교묘히 사용해서 사람의 마음을 조종하는 사람들이 있으니 알아두는 편이 좋을 것이다. 바람둥이가 여자를 유혹할 때 사용하는 수법도 단정법의 변화이다. 그는 그녀에게 기회가 있을 때마다 '나 외에는 당신과 사귈 수 있는 사람은 없다. 절대로 당신은 나와 사귀게 될 것이다. 당신이 선택할 길은 이것뿐이다. 그리고 당신은 절대로 행복해질 것이다.'라고 바람을 넣는 것이다.

물론 반대로 바람둥이가 상대 여성과 원만히 헤어지고 싶을 때에도 같은 수법을 쓸 것임에 틀림없다. 그는 이번에는 이렇게 바람을 잡을 것이다.

'당신은 나와 있으면 불행해진다. 절대로 당신은 나와 함께 해서는 안 된다. 당신이 선택해야만 하는 길은 나에게서 떠나는 것이다. 그 길밖엔 없다. 그러면 당신은 반드시 행복해질 것이다.'

> '이걸까 저걸까.'라는 갈등을 마음속에 안고 있는 사람에게 있어서 마치 훤히 꿰뚫어보는 것같이, 제삼자에게서 '대답은 하나밖에 없다.'고 단정 받았을 때, 망설임 때문에 높아진 심리적 에너지는 일거에 단정 지어진 방향으로 기울어지게 된다.

07
라이벌의 칭찬

　대기업의 관리직 지위에 있는 사람 중에는, 심리학자보다도 훨씬 더 인간심리를 환하게 꿰뚫고 있는 사람들이 많다.
　얼마 전 실력위주의 인사로 유명한 상사의 부장에게서 이런 이야기를 들었다.
　그의 부하 중에 사내에서 머리가 좋기로 쌍벽을 이루는 동년배 두 사람이 있다.
　이 두 사람, A와 B는 이상적인 라이벌관계로 상호 경쟁적으로 부장도 놀랄 만한 프로젝트 기획을 제안한다고 한다.
　그런데 원래 자신만만한 타입의 A가 요즘 자신의 재능만을 믿고 사내에서 인간관계에 문제가 생기기 시작했다. 그래서 부장은 A를 분발시키기 위해 이렇게 말했다고 한다.

"B한테는 감탄했다. 파티에서 여러 가지 이야기를 나눴는데, 책을 정말 많이 읽고 있더군. 자네의 발상도 기발하지만, B의 플랜을 보면 항상 감탄할 수밖에 없을 것이네. 그건 독서를 열심히 한 결과일 거야."

이것은 심리학상의 '암묵의 강화'의 응용이다.

인간에게는 라이벌이 칭찬받는 것을 보면 자신은 간접적으로 비난받았다고 느끼는 경향이 있다.

위의 부장의 예는 이런 인간심리를 잘 이용한 설득술의 전형을 나타내고 있다고 할 수 있다. 이때, 포인트가 되는 것은 상대가 관심이 없는 점을 칭찬하면 의미가 없다는 것이다.

'B는 여성에게 인기가 있다.'고 칭찬해도 승부만을 생각하고 있는 A에게는 아무런 효과가 없다.

'나는 이것을 잘한다, 내가 회사에서 인정받고 있는 것은 이런 점에서 뛰어나기 때문이다.'라고 하는 상대의 존재이유를 정확하게 파악하고 그 사람의 자아에 영향을 줄 수 있는 점을 건드렸을 때, '암묵의 강화'는 한층 유효한 설득술이 되는 것이다.

하지만 이런 심리는 반대로 작용할 수도 있기 때문에 주의하는 것이 좋다.

지금의 예에서 말하면 '자네는 머리가 좋지만, B는 자네보다 더 뛰어날지도 모른다.'라는 식으로 직접적으로 비교하면 A의 B에 대한 적개심을 부추기는 것이다. 두 사람은 사이가 나빠질 뿐만 아니라 건전한 라이벌관계를 잃어버리고 서로 감정적이 되어 재능을 허비하는 상황을 초래할 수도 있다.

🤝 인간에게는 라이벌이 칭찬받는 것을 보면 자신은 간접적으로 비난받았다고 느끼는 경향이 있다.

08
자연스럽게 이쪽의 문제로 끌어들이는 작전

학생운동이 많았던 시기에 한 교수의 실패담이다.

강의 중에 한 학생이 학생운동과 당시 문제가 되었던 등록금인상에 대해서 개인적인 의견을 듣고 싶다고 물었다고 한다.

그 학생은 운동권학생도 아니고 교수도 알고 있는 학생이어서 교수는 강의를 중단하면서까지 질문에 답변했지만, 결국 의견만 충돌할 뿐 오히려 의사소통은 할 수 없었다고 한다.

지금 생각하면 질문의 내용은 강의와는 전혀 관계가 없는 내용이고, 더욱이 즉답을 줄 수 있는 것도 아니라고 말해 주고, '그런 질문은 강의가 끝나고 나서 하라.'고 말했어야만 했을 것이다.

상대가 기세가 올랐을 때나, 더욱 감정이 격앙되었을 때에는 상대의 질문을 정면에서 받아들여서는 서로 간에 의견만 충돌할 뿐이다.

아마 상대도 그럴 것이라고 예상하고 있을 것이기 때문에, 상대의 의중대로 행동하는 것이 된다.

이런 경우에는 적당히 질문을 넘기며 상대의 격앙된 감정을 진정시키고, 자연스럽게 이쪽의 문제로 끌어들이는 작전이 필요하다.

예를 들어 사적인 자리라면 '어렵고 머리 아픈 이야기는 나중에 하면 어떻겠습니까. 한잔 어떠세요.'라며 한 수 접고 들어가는 것도 좋다.

비록 일시적으로 상대에게 우위적 위치를 부여하게 되더라도 싸움 끝에 헤어지는 것보다 나을 것이다.

보통의 장면에서도 이와 같은 작전이 도움이 된다.

만약 지금 회의를 뒤엎을 만한 폭탄발언이 나왔다고 하자. 이때 만약 당신이 의장이라면 그 발언의 중대함을 일단 인정한다. 그리고 '그 문제에 관해서는 후일 시간을 두고 의논하는 걸로 하고, 오늘은 이 문제부터 결론을 도출해 가자.'고 말하는 것이다.

'후일'은 정확하게 언제라고 못 박을 필요가 없다. 중요한 것은 장해가 되는 발언을 자연스럽게 흘려보내고 의사신행을 중지시키지 않는 것이 중요한 것이다.

반대로 상대에게는 '후일 답을 도출한다.'는 확약을 준 것만으로도 정면에서 일방적으로 거절당하는 것과 비교해서 득이 되는 성과가 되는 것이다.

이것만으로도 상대가 이쪽의 요구에 흔쾌히 따르는 경우도 많다. 어쨌든 무언가 얻었다는 마음의 만족감이 격앙된 감정을 진정시키고 당초의 기세를 급격히 없애주기 때문이다.

> 상대가 기세가 올랐을 때나, 더욱 감정이 격앙되었을 때에는 상대의 질문을 정면에서 받아들여서는 의견만 충돌할 뿐이다. 이런 경우에는 적당히 질문을 넘기며 상대의 격앙된 감정을 진정시키고, 자연스럽게 이쪽의 문제로 끌어들이는 작전이 필요하다.

09
'꺼려하는 인상'을 가장

행동이 둔한 부하직원이나 아직 일의 요령을 파악하지 못한 신입사원 등에게는 단순히 '좀 더 의욕적으로 일하라.'거나 '머리를 써서 일하라.'는 재촉만으로는 효과가 없다. 의욕도 필요하지만 일과 관련해서 말하면 정신력 이상으로 언제나 구체성이 요구된다. 일 때문에 골머리를 앓고 있는 부하직원이 가장 바라고 있는 것은 백 가지 질책과 격려보다는 하나의 구체적인 조언이다.

이렇게 말해도 인간심리라는 것은 한없이 복잡한 것이어서 일일이 가르쳐주는 방법으로는 강요하는 듯한 인상을 받거나, 반발감조차 드는 경우가 왕왕 있다. 소중한 조언을 귀찮아하거나, 제대로 받아들이지 않는 경향조차 있다. 이럴 때에는 소위 '꺼려하는 인상'을 가장해서 시사하면 상대는 '이건 들어두지 않으면 손해를 볼 것 같다.'라는 기분이 들면 효과를 거둘 수 있을 것이다.

예를 들어 몇 가지 조언을 하려고 할 때, 한 번에 복수의 조언을 늘어놓는 것보다 한 가지씩 조금씩 하는 방법이 있다. 잠깐 생각하는 듯한 행동을 하다가 '이걸 가르쳐주기는 아깝다.'는 뉘앙스를 풍기면서 '한 가지만 가르쳐주지.' 하고 말을 꺼내면, 상대는 몸을 앞으로 내밀며 귀를 기울일 것이다. 선배가 소중하게 여기는 또는 비밀로 하고 있던 영업 테크닉을 가르쳐줄지도 모른다는 기대감이 생기는 것이다.

'이건 나와 과장밖에 모르는 건데, 다른 사람에게는 아직 말하지 않은 거지만…….'이라는 운을 띄우는 것도 효과적이다. 일단 상대가 귀를 기울이기 시작하면 상대는 마지막까지 경청할 것이다.

필자가 초등학교 교장을 맡고 있을 때, 교생 실습을 온 교생이 나를 찾아와서 이렇게 말했다.

"교장 선생님, 아직까지도 저희 반 학생들과 친해질 수가 없습니다. 저는 선생이라는 직업과는 맞지 않는 것일까요."

필자는 잠시 생각한 뒤에 그에게 이렇게 말했다.

"한 가지만 말해 주겠네. 자신이 선생이라는 것을 잊지 말라는 것이네."

그는 깜짝 놀라면서 "도대체 무슨 말씀입니까." 하고 되물었다.

"선생과 제자라는 관계를 의식하지 않는 것이네."

"흠, 좀 더 구체적으로는……."

그는 필자의 이야기에 많은 관심을 나타내면서 계속해서 질문을 하다, 결과적으로 많은 조언을 얻은 다음에 돌아갔다.

🤝 인간심리라는 것은 한없이 복잡한 것이어서 일일이 가르쳐주는 방법으로는 강요하는 듯한 인상을 받거나, 반발감조차 드는 경우가 왕왕 있다. 이럴 때에는 소위 '꺼려하는 인상'을 가장해서 시사하면 상대는 '이건 들어두지 않으면 손해를 볼 것 같다.'라는 기분이 들면 효과를 거둘 수 있다.

10
상대의 입장에 서서
그때까지의 상대의 수고를 위로

신제품을 개발하려고 하는 정밀기계 메이커에서 아주 작은 사건이 발생했다. 이 메이커 신제품의 시연품을 하청업자에게 발주했는데 하청업자가 납기일이 되어서야 반밖에 완성되지 않은 제품을 가지고, 그대로 시연을 진행해도 되는지 확인하기 위해 본사를 찾아왔을 때의 일이다. 제품을 살펴보니 그 시연품은 당초 예정하고 있던 이미지와는 상당한 차이가 있어서 도저히 그대로는 사용할 수가 없었다. 많은 수정과 손질이 필요한데 납기일은 코앞으로 다가왔다.

본사 담당자는 당황해서 업자에게 무슨 일이 있더라도 다시 만들어 오라고 당부했다. 그러자 업자는 "본사의 설계도대로 했다." 며 납득하지 못했다. 양자 사이에 어색한 분위기만 커져갈 뿐이었다. 이런 일은 현장에서 종종 발생하는 일이다.

그때 마침 본사 공장장이 들어오더니 이렇게 말했다.

"저희들도 완성품의 최종상태나 모양들까지 예상하지 않으면 안 되지만, 그런 것들은 실제로 해보지 않으면 알 수 없는 것들도 있습니다. 이 시연품도 귀사에서 이렇게까지 만들어줬기 때문에 처음으로 여러 가지 문제점을 알 수 있었다는 것이 솔직한 심정입니다. 어떻습니까, 어차피 좋은 제품, 잘 팔리는 제품을 만드는 편이 서로 간에 이득이 되는 건 자명한 일이니, 어떻게 해서든 좀 더 연구해서 만들어줄 수는 없겠습니까."

이 말을 들은 업자는 "그렇군요. 그럼 좀 더 연구해서 만들어보겠습니다." 하고 흔쾌히 승낙하고 돌아갔다.

필자는 공장장의 말에 감탄했다. 납기일을 코앞에 두고 수정한다는 것은 업자에게 있어서 어려운 주문이었다. '하청업자인 주제에.'라고 무시해서 '처음의 지시대로 해 달라.'고 말하는 것은 감정적으로 발전할 수밖에 없는 것이다.

이 정밀기계 메이커의 예뿐만이 아니라, 무언가 상대에게 어려운 주문을 의뢰할 때에는 이쪽의 사정만을 강요해서는 상대를 잘 설득할 수 없다. 먼저 일단 상대의 입장에 서서 그때까지의 상대의 수고를 위로하는 것이 필요한 것이다.

상대가 가장 기분 나빠하는 것은 자신들이 이제까지 열심히 노력한 일이 소용없는 일이었다고 생각되는 것이다. 이 점을 충분히 인식하고 염두에 두지 않으면 교섭은 매끄럽게 진행되지 않는다. 따라서 상대가 이제까지 열심히 해주었기 때문에 처음으로 문제점을 발견할 수 있었다고 강조하는 것이 중요한 것이다.

그리고 여기까지 해주었기 때문에 기왕이면 보다 완벽한 제품을 만들기 위해, 다시 한 번 노력해 주기를 바란다고 부탁하면, 상대도 지금까지의 노력을 헛되지 않게 하기 위해 보다 열성적인 자세로 이쪽의 요구에 부응하려고 하는 마음이 드는 것이다.

무언가 상대에게 어려운 주문을 의뢰할 때에는 이쪽의 사정만을 강요해서는 상대를 잘 설득할 수 없다. 먼저 일단 상대의 입장에 서서 그때까지의 상대의 수고를 위로하는 것이 필요하다.

11
상대의 대항의식을 봉쇄

　전 프로복싱 세계챔피언 A 씨의 현역시절 에피소드의 일이다. 무참히 KO패를 당해 챔피언 벨트를 빼앗긴 상대에게 리턴매치로 도전했을 때의 일이다.

　재시합을 며칠 앞둔 어느 날, 챔피언과의 공동기자회견장에 나타난 A 씨의 모습을 보고 보도진은 당황했다고 한다. 얼굴의 절반을 마스크로 가리고, 그 위에 두터운 코트를 입고 있었기 때문에 보도진이 당황한 것도 무리는 아닐 것이다. 누가 보아도 중요한 시합을 앞두고 그가 감기에 걸려 완전한 몸 상태가 아니라는 것을 알 수 있었다.

하지만 그와는 반대로 챔피언은 최상의 컨디션으로 승리를 장담하는 자신만만한 모습이었다. 이런 상태로는 싸우기 전에 승부의 향방은 결정 났다고 그곳에 있는 모든 사람이 생각했다. 그런데 시합에서 KO당한 것은 압도적으로 유리해 보였던 챔피언이었다. 말할 필요도 없이 A 씨의 기자회견장에서의 모습은 지난번 시합에서 승리한 상대를 방심시키기 위한 연극이었던 것이다.

일이든 무엇이든 자신을 라이벌시하는 상대를 설득하는 것은 지극히 어려운 일이다. 정면에서 맞서는 상대의 대항의식만을 크게 만들뿐이다.

그리고 이쪽에 유리한 조건이 갖춰져 있는 경우에, 상대가 쉽게 이 점을 발견하고 그것을 이용해서 이쪽의 행동을 방해할 우려가 있다. 따라서 이런 상대의 설득에는 때와 장소에 따라서는 이쪽의 약한 모습을 보이면서 상대의 대항의식을 봉쇄해 버리는 것도 한 가지 방법이다.

일반 사람들은 자신의 가까운 곳에 있는 라이벌을 평가할 때, 종종 실제보다 평가절하해서 안심하고 싶어 하기 마련이다. 설득에는 이 심리적 맹점을 찌르는 것이다. 예를 들어 라이벌 앞에서 '자신이 없다.', '잘 풀리지 않는다.' 등의 약한 모습을 보이거나 엄살을 부려, 이쪽을 얕보게 만들면 대항의식이 강한 만큼, 상대는 그만큼 안심하게 된다.

그리고 그 방심에서부터 반드시 허점을 드러내기 마련이다. 그 허점을 찔려서 거짓 정보를 흘리면 라이벌에게 태세를 정비할 시간을 주는 일 없이 자신이 의도하는 방향으로 이끌어가는 것도 충분히 가능한 일이다.

사실 A 씨에게 KO당한 챔피언은 마지막까지 자신의 페이스를 되찾지 못하고 믿을 수 없다는 표정으로 심판의 카운터를 멍하니 듣고만 있었다.

> 일이든 무엇이든 자신을 라이벌시하는 상대를 설득하는 것은 지극히 어려운 일이다. 따라서 이런 상대의 설득에는 때와 장소에 따라서는 이쪽의 약한 모습을 보이면서 상대의 대항의식을 봉쇄해 버리는 것도 한 가지 방법이다.

12
생리적 욕구의 충족

꽤 오래전에 심리학학회 참석을 위해 미국에 갔을 때의 이야기이다. 워싱턴 모뉴멘트 광장에서 다음 날 열리는 대규모 집회에 대비해서 당국 측의 준비가 순조롭게 진행되고 있었다. 소화전을 이용한 식수대를 비롯해, 공중전화, 간이화장실 등이 곳곳에 설치되어 언제 어디서라도 생리적 욕구를 충족시킬 수 있게 되었다.

친절하게 라디오나 TV를 통해서 '집회는 내일 10시부터니까 오늘밤은 편하게 수면을 취하고 충분한 식사를 하도록 하십시오.'라는 안내방송도 했다. 소위 당국 측은 모든 방법을 사용해서 집회에 모이는 사람들의 수면부족, 영양부족, 식수부족, 연락부족

등을 방지하려고 한 것이다.

우리들은 공복이나 잠이 부족할 때 등은 생리적 욕구가 충족되지 않으면 초조해하거나, 화를 내게 된다. 포만감이나 수면을 충분히 취했을 때에는 정신적 여유도 생기고, 사물을 냉정하게 관찰할 수 있는 밸런스감각을 유지할 수가 있다. 이렇게 말하면 당국의 의도를 충분히 파악할 수 있을 것이다.

집회에 참가하는 사람들은 전쟁에 대해 극심한 반대감과 분노에 불타고 있는 사람들뿐이다. 그때 화장실에 가고 싶어도 화장실이 없다면 분노는 증폭되어 언제 폭동으로 발전할지 모른다. 그래서 생리적 욕구를 만족시키기 위해 만전의 준비를 한 것이다.

다음 날 열린 집회는 당국의 의도가 적중했는지, 집회는 더없이 평화롭고 온순하게 끝이 났다.

화가 머리끝까지 난 상대를 설득하기 위해서는 먼저 생리적 욕구를 충분히 채워줘서, 화를 진정시켜 주는 것이 선결과제이다. 마시지 못하고, 먹지 못하고 철야농성을 하면 이런 의미에서 결코 현명하다고 할 수 없다. 상대가 기세등등하게 공격해 오면 '이쪽에서 식사라도 합시다.'라며 농성을 일단 중지하고 서로 냉정히 이야기하는 '생리적 환경'을 만드는 편이 의견을 정리하는 데 매우 쉬워진다.

옛날이야기지만 한 농민이 관의 시정을 호소하러 사또에게 달려갔다. 그때 한 관속이 '말은 나중에 천천히 듣고, 먼저 배가 고플 테니 뭐라도 먹자.'며 농민을 배불리 먹인 다음에 관의 곤궁한 재정을 절절히 설명했다. 그때까지 전혀 들으려고 하지 않던 농민은 관속의 말에 귀를 기울이다 그날은 조용히 물러갔다. 그 자리가 평온해지고, 설득에 응하는 자세가 만들어진 것은 쉽사리 알 수 있을 것이다. 예전의 관속 중에도 워싱턴 관료같이 '지혜로운 사람'이 있었던 것이다.

🤝 화가 머리끝까지 난 상대를 설득하기 위해서는 먼저 생리적 욕구를 충분히 채워줘서, 화를 진정시켜 주는 것이 선결과제이다.

13
'싫기 때문이 아니라 할 수 없기 때문일 거.'라는 부추김

바이올린 조기재능교육으로 세계적인 업적을 남긴 S 씨는 연습을 하려고 하지 않는 아이를 대하는 비결을 가지고 있었다.

"너는 이런 건 못 할걸. 그러니까 연습도 하지 않으려 하는 것이다." 하고 말하는 것이다.

필자도 예전에 초등학생과 같이 생활하던 적이 있어서 잘 알고 있지만, 해야 할 일을 하지 않거나 자진해서 하려고 하지 않는 아이에게는 '넌 이게 싫은가 보구나.' 하는 것이 아니라 '너에게는 이건 무린가 보구나, 할 수 없는가 보구나.'라는 말이 더 효과적이 있다. 이렇게 말하면 대부분의 경우 아이들은 자발적으로 움직이기 시작한다.

일부러 도발시키는 이런 설득술의 효과는 상대가 어른이거나 그렇지 않은 경우에도 상관은 없다. 어른에게 적용해도 심리적으로는 아이와 그렇게 큰 차이는 없다고 해도 좋을 것이다.

특히 할 수 있는 능력을 가지고 있으면서 시작하는 것을 주저하거나, 꺼리는 상대에게는 어떻게든 본인을 위해서도 그 첫발을 내딛게 만들고 싶어진다. 하지만 이런 사람들은 강제적으로 시키려고 하면 반감만 사게 되는 악순환만 되풀이될 뿐이다. 비록 강제적인 명령으로 시킨 것을 성공했다고 해도 좋은 결과를 기대하기는 무리이다.

인간심리의 특성상 강제당하면 반발의 메커니즘이 생긴다. 즉 강제당하면 반발하고 싶어지는 것이 인간인 것이다.

따라서 무엇이든 시작하는 것을 싫어하는 상대에게는 말하는 법을 바꿀 필요가 있다. 오로지 명령만 하는 것을 멈추고, 예를 들어 '싫기 때문이 아니라 할 수 없기 때문일 거야.'라고 부추겨보는 것이다. '싫다.'라는 것은 자신의 취향의 문제로 자아는 상처받지 않지만, 한 곳에 멈춰서 있어서는 발전할 가능성이 없다. 하지만 지금 말한 것처럼 '할 수 없다.'라고 인정하는 것은 능력에 의문을 품는 것이기 때문에 자존심에 상처를 입어서 무언가 행동을 하게 만들 수 있다.

그리고 상대가 자존심을 만족시키기 위해 일단 시도해 보지 않으면 자존심은 만족시킬 수 없는 것이다. 필자의 경험에서도 인텔리로 평소에는 냉정한 사람이라도 '못 할 거야, 무리일 걸.'이라는 말을 들은 순간, 지금까지의 거절을 까맣게 잊어버리고 자진해서 시작하는 경우가 적지 않았다.

🤝 인간심리의 특성상 강제당하면 반발의 메커니즘이 생긴다. 즉 강제당하면 반발하고 싶어지는 것이 인간인 것이다. 따라서 무엇이든 시작하는 것을 싫어하는 상대에게는 말하는 법을 바꿀 필요가 있다. 오로지 명령만 하는 것을 멈추고, 예를 들어 '싫기 때문이 아니라 할 수 없기 때문일 거야.'라고 부추겨보는 것이다.

14
'내가 당신이라면'이라는 말의 설득력

주부층을 대상으로 한 아침 와이드 쇼에는 반드시 주 1회의 인생 상담코너가 있다. 그리고 그 프로의 다음 날에는 평소와 비교해서 시청률이 훨씬 높아진다고 한다.

TV의 인생 상담이 최고 시청률을 기록하고 있다는 사실은 사람의 불행을 기뻐하는 인간심리의 잔혹한 일면을 엿볼 수 있다고 말할 수 있다. 친구의 권유로 필자도 몇 번인가 본 적이 있지만, 상담자가 상담역에게 설득되어 가는 과정은 흥미를 끄는 부분이 있다.

대부분의 상담자는 처음에는 상담역의 조언에 대해 이런저런 반론을 하거나 변명을 하면서 쉽사리 납득하지 않는다. 하지만 시간이 경과함에 따라 어느새 상담역의 말 한마디에 크게 고개를 끄덕이게 되어 간다. 그 심리적변화의 과정은 시시한 드라마를 보는 것보다 훨씬 재미있다. 그런 의미에서 TV의 인생 상담은 설득술의 실험장이라고 말할 수 있을 정도이다.

어느 방송국의 프로도 사회 각계각층에서 선발된 상담역들인 만큼 그들의 멋진 설득술에 감탄할 만한 장면도 많다. 하지만 필자가 보는 한, 어느 누구도 설득에 궁해지면 사용하는 비책은 정해져 있는 듯하다.

상담자는 누구나 해답을 얻고 싶어 한다. 상담자의 이런 바람에 호응하는 최선의 방법은 상대의 입장에 서서 말하는 것이다. TV의 인생 상담 코너에서 가장 많은 것은 주부의 이혼상담이지만, 상담역으로부터 "내가 당신이라면 남편을 용서하겠습니다. 헤어지지 마십시오."라는 말을 듣고 고개를 끄덕이는 상담자도 적지 않다.

인간은 누구나 자신이 제일이라는 본성 때문에 '내가 당신이라면'이라는 말이 누구에게나 무조건적인 설득력을 지닌다.

설혹 전후 문맥은 다소 애매하지만 이 한마디가 자연스럽게 삽입되어 있으면, 이것이 우리들의 감정을 자극해서 상대가 자신의 입장에 서서 생각하고 있는 것 같은 착각이 들게 마련이다.

반대로 말하면 '내가 당신이라면'이라는 말에는 한 종류의 심리작용이 숨겨져 있다고 말할 수 있다. 예를 들어 인생 상담의 상담역이 '내가 당신이라면' 하고 말하는 경우, 그 조언내용은 어디까지나 '자신이라면 이렇게 한다.'라는 의견을 말하고 있는 것뿐이다. 그런데 상대는 그 의견을 받아들이는 것이 자신에게 가장 이득이 되는 것 같은 기분이 되어서 설득에 귀를 기울이게 되는 것이다.

🤝 인간은 누구나 자신이 제일이라는 본성 때문에 '내가 당신이라면'이라는 말이 누구에게나 무조건적인 설득력을 지닌다.

15
'우리들'이라는 공통점

　예전부터 연설을 잘하는 사람들이 있다. 청중과 하나가 되어서 주먹을 움켜쥐고 올리면 몇 천 몇 만의 사람들이 똑같이 두 주먹을 쳐든다.
　어째서 그들은 청중과 그 정도로 하나가 될 수 있을까. 그 비밀은 사용하는 말과 태도에서부터 말하고 있는 것이 본인 한 사람만의 것이 아닌 듣는 사람 모두에게 공통된 것이라는 의식을 심어주기 때문이다. 그 때문에 그들은 연설 중에 빈번히 '우리들', '우리'라는 표현을 사용한다. '나'가 아니라 '우리들'을 연발하는 것으로 '운명공동체'와 같은 의식을 심어주는 것이다.

정치가들도 종종 이와 같은 말을 한다. '우리들은 하루 빨리 통일이 되어 많은 사람들이 고향에 돌아가는 것을 기원하고 있습니다.' 이런 말을 들으면 대부분의 사람들은 통일에 큰 관심을 가지고 있는 듯하지만 그가 말하는 '우리들'은 그가 속한 정당을 가리키며, 통일에 관심이 없는 사람도 있다는 것을 잊고 있다.

하지만 우리들은 그들에게서 자아가 대단히 강한 상대를 설득하는 노하우를 배울 수가 있다. 설득하기 어려운 상대 타입 중에 상대에게 책임이나 일을 전가하거나 강요하는 것을 싫어하는 사람이 있다. 이쪽이 아무리 열심히 설득해도 '자신의 입장만을 말하고 있다.'고 반발심을 품는 것이다. 아무리 합리적인 설득이라도 이런 타입은 '자아'라는 벽에 둘러싸여서 사람의 말을 들으려 하지 않는다.

그러나 이 '자아의 벽'이라는 둑을 허물 수 있는 한 치의 구멍은 있기 마련이다. 그 사람이 자아의 벽 내부에 들어가기 전에 '우리들'이라는 표현을 현명하게 사용함으로써 서로 간에 공통점이 있다는 것을 깨닫게 하는 것이다. 이런 타입은 자아에 민감하면서 귀속의식도 강한 경우가 많기 때문에 '우리', '우리들'이라는 말을 자주 사용하면 이쪽의 일방적인 강요라는 생각을 없앨 수 있다. 즉 강요나 전가를 싫어하는 상대에 대해서는 이쪽만의 의사가 아니라는 것을 전함으로써 자신의 의도에 호응하기 쉽게 할 수 있다는 것이다.

　남녀를 불문하고 '나와 너'가 아니라 '우리 두 사람'이라고 하는 편이 상대에게 일체감을 줄 수 있고 설득력도 힘을 얻는다. 상대가 지금 말한 것 같은 타입이 아니라도 설득하는 사람이 평소에 '주관이 강한 사람'이라면 의식해서 '우리', '우리들'이라는 말을 사용하는 편이 좋을 것이다.

> '자아의 벽'이라는 둑을 허물 수 있는 한 치의 구멍은 있기 마련이다. 그 사람이 자아의 벽 내부에 들어가기 전에 '우리들'이라는 표현을 현명하게 사용함으로써 서로 간에 공통점이 있다는 것을 깨닫게 하는 것이다.

16
추상도가 높은 문제

'기본 급여 15퍼센트 인상. 잔업수당 전액 지급, 주 5일제 완전 실시'

이런 구체적이고 현실적인 문제를 요구당할 때, 당신이 경영자라면 어떻게 대응할 것인가. 일일이 요구사항에 대답하려고 하면 그 시점부터 상대의 페이스에 말려들어 결국에는 굴복하게 될 것이다. 만약 '모든 것을 꿰뚫어보는 경영자'라면 아마 이렇게 구체적인 요구를 근본문제로 바꿔서 물리치는 수단을 쓸 것이다.

"문제의 중요성은 잘 알고 있다. 하지만 문제를 눈앞의 척도로 판단하면 커다란 지침을 잃어버릴지도 모른다. 예를 들어 당신들이 급료를 받고 있는 이 회사의 현재의 상황, 그 사회적 책임과 역할에 대해서도 생각해봐야 하지 않을까. 이런 냉혹한 상황 아래서 우리 회사가 살아남기 위해서 구체적인 방안 등에 대해 조금 근본적인 문제에서부터 생각해볼 필요가 있지는 않을까."

가정에서도 아이들의 용돈 인상교섭, 귀가시간 연장 등의 구체적인 문제로 골머리를 썩는 경우가 많다. 이럴 때, 상대는 어찌됐든 눈앞의 현실문제에 마음을 빼앗기기 마련이다. 그런 상대는 어지간한 설득으로는 물러서지 않는다. 급료나 용돈이 적다는 요구나 주장을 자신들의 현실로 실감하고 있기 때문에 구체적인 상항에 대한 논쟁으로는 승산이 없다. 논리적으로 승산이 있다고 판단해서 상대가 기다리는 '무대'에 올라가면 어느새 상대의 페이스에 휘말리게 될 것은 자명한 일이다.

그리하여 그 구체론, 현실적요구의 바탕에 있는 보다 고도의 근본적인, 즉 추상도가 높은 문제를 끌어내어 그것에 관해서 논하도록 한다.

예를 들어 용돈을 많이 올려달라고 하는 아이에게는 성인이 될 때까지 드는 비용이나, 불황에 허덕이는 사회와 가계와의 관계, 학생으로 해야 할 본분 등의 기본문제를 말한다. 상대는 자신의 주장, 요구하는 구체론의 근저에 있는 문제를 끌어내면 요구를 실현시키기 위해서라도 그것을 피해서는 지나갈 수 없다. 그래서 필사적으로 상대의 주장을 물리치려고 한다. 이것은 바꿔 말하면 보다 추상적인 지점에서 논의하는 것을 피할 수 없게 된다는 것이다. 그러면 '지금 우리나라 경제는 대단히 어렵다.'는 누가 보더라도 인정하고 있는 기본인식을 인정한 위에서의 논의가 된다. 이쪽이 '설득재료'로써 꺼낸 것은 상식이나 기본진리이기 때문에 시간의 경과와 더불어 상대가 인정하지 않으면 안 되는 사항은 늘어갈 수밖에 없다. 이렇게 해서 요구가 현실성이 없다는 것을 깨닫게 할 수 있는 것이다.

급료나 용돈이 적다는 요구나 주장을 자신들의 현실로 실감하고 있기 때문에 구체적인 상황에 대한 논쟁으로는 승산이 없다. 구체론, 현실적요구의 바탕에 있는 보다 고도의 근본적인, 즉 추상도가 높은 문제를 끌어내어 그것에 관해서 논하도록 한다.

17
칭찬과 웃음의 신뢰관계

'경영의 신'이라고 불린 고 마츠시타 코노스케(일본 마츠시타 기업 초대회장) 씨는 사람을 부리는 방법과 같이 꾸짖는 방법에도 능했다고 하지만, 필자가 보기에는 꾸짖은 이후의 배려가 능숙했다고 생각한다.

마츠시타 씨 밑에서 오랜 세월 활약한 산요 전기 전 부회장 고토우 세이치 씨에 의하면 마츠시타 씨는 어느 날 고토우 씨의 조그마한 실수에 화가 나서, 스토브 부지깽이로 바닥을 격렬하게 두드렸다고 한다. 화가 나서 돌아가려고 하는 고토우 씨에게 "열심히 화를 냈더니 부지깽이가 이렇게 휘어져 버렸다. 미안하지만 똑

바로 펴주지 않겠나." 하고 말했다고 한다. 할 수 없이 고토우 씨는 망치로 바로 펴기 시작했는데 망치질을 할 때마다 조금씩 마음이 진정되어 왔다. 이윽고 바르게 편 다음에 가지고 가니 마츠시타 씨는 "이건 전보다 더 반듯해졌군. 당신 솜씨가 좋은데." 하며 웃었다.

심하게 꾸짖은 다음 꾸짖은 내용과는 관계없는 일로 상대를 칭찬한다. 이것만으로도 기발하지만, 더욱 감탄할 만한 것은 마츠시타 씨가 고토우의 부인에게 전화를 하여 "오늘은 좀 화가 나서 들어갈 테니까 술이나 한잔 준비해 두세요." 하고 말했다는 것이다. 심한 질책에 화를 내고 한때는 회사를 그만두려고 했던 고토우 씨도 마츠시타 씨의 이런 방식을 보고 '이런 사람이라면' 하고 감탄을 했다고 한다.

꾸중을 들은 후의 사람의 마음에는 꾸짖은 상대에 대한 증오, 반항심 또는 자신은 무능력자라는 낙인이 찍힌 것이 아닌가 하는 불안감 등으로 가득 차 있다. 이것이 신뢰의 상실로 이어지는 경우도 적지 않다.

또 꾸짖은 상대도 꾸짖은 다음의 격한 긴장감의 여파로 어색함이나 응어리가 남기 쉽다. 하지만 그렇다고 해서 대립을 두려워해서 꾸짖을 것을 꾸짖지 못하고 넘기는 것은 서로 간에 도움이 되지 않는다. 실제로 그러한 경영자도 많은 것이 사실이다. 하지만 이런 소극적인 태도가 똑같은 실패를 반복하는 것이 되는 것이다.

따라서 꾸짖을 것은 꾸짖고, 질책과 서로 간의 신뢰관계는 다른 것이라는 것을 알게 할 필요가 있다. 마츠시타 씨의 칭찬과 웃음이 바로 이것이다. 질책 후, 의식적으로 간접정보를 상대의 귀에 들어가도록 하는 것도 대단히 유효한 방법이다. 예를 들어 "금방 ○○를 꾸짖었지만 나는 그가 가지고 있는 잠재능력을 일찍부터 잘 알고 기대하고 있다." 이런 정보를 꾸짖은 상대의 동료에게 은근슬쩍 건네면 동료는 반드시 그 사람에게 전할 것이다. 그 말을 들은 본인은 '그래서 부장은 그렇게 심하게 나를 꾸짖은 것이구나.'라고 생각하고 반성과 동시에 의욕이 생길 것이다. 꾸짖는 것으로 상대를 성장시키는지 아닌지 하는 것은 꾸짖는 방법뿐 아니라 사후의 처리방법에 달려 있는 것이다.

꾸중을 들은 후의 사람의 마음에는 꾸짖은 상대에 대한 증오, 반항심 또는 자신은 무능력자라는 낙인이 찍힌 것이 아닌가 하는 불안감 등으로 가득 차 있다. 이것이 신뢰의 상실로 이어지는 경우도 적지 않다. 따라서 꾸짖을 것은 꾸짖고, 질책과 서로 간의 신뢰관계는 다른 것이라는 것을 알게 할 필요가 있다. 칭찬과 웃음이 바로 이것이다.

설득을 위한 명언

♣ 변명은 치장한 거짓말에 지나지 않는다. 〈A · 포프〉

♣ 속임수는 여성의 특징이다. 〈아이스큐로스〉

♣ 격언이나 명언이라는 것은 잘 해석할 수는 없어도 놀랄 만큼 도움이 되는 것이다. 〈푸슈킨〉

♣ 화제에 궁할 때 남을 비판하지 않는 사람은 드물다. 〈니체〉

♣ 한 가지 거짓말을 유지하기 위해서는 다른 두 가지 거짓말을 꾸며내야 한다. 〈스위프트〉

♣ 웃음은 적과 아군의 차별을 철폐한다. 〈밀턴〉

♣ 실책에 대한 변명은 그 실책을 두드러지게 만든다. 〈셰익스피어〉

♣ 근시들이 사랑을 하고 있다. 〈니체〉

♣ 자신의 아내, 자신의 저금, 자신의 지갑을 제외하고 친구에게 무엇이든 말해도 된다. 〈앙드레 프레보〉

♣ 부자와 고위직치고 이기주의자가 아닌 사람은 없다. 〈톨스토이〉

♣ 마흔을 지난 남자는 모두가 악당이다. 〈쇼〉

♣ 마음에도 없는 말보다는 침묵이 오히려 사교성을 훼손시키지 않을지 모른다. 〈볼테르〉

chapter 3
'반감을 꿰뚫어보는' 설득심리술

갑자기 상대에게 불리한 이야기를 꺼내면 당연히 상대는 당신의 이야기를 듣는 그 순간부터 불쾌한 감정에 휩싸일 것이다. 이럴 때, 말을 꺼내기 전에 상대의 불쾌감이나 화난 감정을 조금이라도 완화시킬 수 있는 상황을 만들어두면 좋다. 그 효과적인 방법 중 하나는 상대가 느낄 감정을 자신이 먼저 파악하는 방법이다.

01
모든 수단을 보이는 것

얼마 전에 한 구두상점을 구경할 때의 일이다. 그 상점 주인의 손님에 대한 접객이 너무 훌륭해서 구두를 보는 것도 잊어버리고 듣고 있었다. 그렇다고 그 주인이 온갖 감언이설로 손님을 현혹하여 구두를 사게 한 것은 아니다. 그뿐 아니라 '굽이 너무 높다.', '디자인이 마음에 안 든다.', '내 발은 오른쪽이 조금 크기 때문에 마음에 드는 것을 찾을 수가 없다.' 등 일방적으로 말하고 있는 쪽은 손님이었다.

주인은 이런 고객의 주문에 대해서 맞장구를 치는 정도로 한 번도 반론 같은 말은 입에 담지 않았다. 그리고 손님이 한바탕

말을 끝낸 후 "잠깐만 기다려 주십시오." 하고 말한 뒤 안으로 들어가서 구두 한 짝을 가지고 되돌아왔다. 그리고 "이 구두라면 손님에게 꼭 맞을 겁니다. 한번 신어 보십시오." 하고 손님 앞에 내밀었다. 손님은 반신반의 하는 모습이었지만 신어보니 주인의 말처럼 꼭 맞았던 것 같았다. "이건 맞춘 것 같네."라며 기뻐하며 사갔다.

세일즈맨이 명심해야 할 말 중에 '손님과 논쟁을 하지 말라.'라는 말이 있다. 즉 고객의 말에 대해서 이쪽이 장황하게 반론을 하면 고객은 반드시 다른 거절의 이유를 생각해내고 결국은 설득이 불가능하게 되어서 물건을 팔지 못하게 되는 것이다. 즉 하나의 말에 언제까지 구애받고 있으면 고객에게 반론의 재료를 자신이 제공하고 있는 것밖에 되지 않는다. 위에서 예를 든 구두상점의 주인은 이런 심리를 반대로 이용해서 고객의 요구에 정확히 맞는 구두를 파는 것에 성공한 것이다.

이것도 저것도 아니라 이쪽이 말하는 것을 그때마다 반론하는 사람을 설득하기 위해서는 먼저 말하고 싶은 만큼 말하게 만들고 그 사이에 반론의 재료를 잡는 것이 가장 유효한 방법이다.

상대가 말하고 싶은 것을 모두 말해 버리는 것은 자신의 모든 수단을 보이는 것과 똑같은 것이다. 말을 계속하게 만들면 이쪽의 새로운 문제 제기에 대답할 재료를 잃어버리기 때문에 이후의 설득은 이쪽의 페이스로 진행되어진다.

 정보를 상대에게 빼앗긴 사람의 입장은 약해진다. 반대로 말하면 난적을 설득하기 위해서는 상대의 반응을 보면서 정보를 조금씩 흘리는 것이 가장 효과적인 것이다. 몰두해서 전부 공개해 버리는 것은 적에게 자신의 약점을 말해 주는 것과 똑같은 것이다.

> 상대가 말하고 싶은 것을 모두 말해 버리는 것은 자신의 모든 수단을 보이는 것과 똑같은 것이다. 말을 계속하게 만들면 이쪽의 새로운 문제 제기에 대답할 재료를 잃어버리기 때문에 이후의 설득은 이쪽의 페이스로 진행되어진다.

02
불난 집에 부채질

필자의 학창시절 이야기이다.

평소에 학생들을 괴롭히기 좋아했던 독일어 선생님이 드물게 문법을 틀렸다. 그리고 그 실수는 필자 혼자만 알아차린 것 같았다. 그리하여 필자는 평소의 쌓였던 울분을 풀기라도 하듯 선생님의 실수를 거리낌 없이 지적하면서 따졌다. 그러자 그 선생님은 진지한 표정을 짓더니, "그렇군, 그대로다. 정말 좋은 지적을 해주었구나. 다른 사람은 어떻게 된 거지? 졸기라도 했나?" 하시며 필자를 칭찬한 다음, 그 부분은 누구라도 틀리기 쉬운 중요한 것이며, 정확히 읽지 않으면 전혀 다른 해석을 할 수 있기 때문에 충분히 주의하도록 설명까지 덧붙여주셨다.

자신이 비난한 상대로부터 칭찬을 듣자 기분이 좋아진 필자는 결국 더 이상 비난을 하지 못했다. 허점을 찔리거나 반론을 당한 경우, 누구라도 흥분해서 '그럴 리가 없다.', '틀린 것은 그쪽이다.'며 맞설 것이다. 하지만 이런 행동은 불난 집에 부채질하는 것과 같은 것으로 상대의 감정을 점점 더 격앙되게 만들 뿐이다.

아픈 곳을 찔리거나 반론해 오는 상대에게는 질문이나 반론의 내용이 중요한 것이 아니라 인간 대 인간의 상관법에 대해서 상반적이거나 회의적인 경우가 많다.

따라서 질문, 반론의 내용 자체를 받아들이는지 어떤지는 2차적인 문제로 대부분은 상대를 인정하고, 공격의 근원을 제거할 필요가 있는 것이다.

그러면 반발을 예상하고 있던 상대는 맥이 빠져서 이쪽에 친화적으로 되어, 반론에 담겨진 반발적 에너지도 어느새 사라져버리게 되는 것이다.

그리고 냉정한 대화가 가능해지고, 그 결과 반론에 대해서는 관심이 없어지게 되는 것이다.

예를 들어 당신이 기계를 팔러가서 그 회사의 담당자에게 "귀사의 기종은 같은 등급에서 가장 비싼 게 아닙니까."라는 질문을 받았다고 하자.

그럼 먼저 "잘 알고 계시는군요. 정확한 안목이십니다."라고 상대를 칭찬한 다음에 '절전형, 고기능, 고장도 없고, 완전한 사후 서비스 등 비싼 것은 그만큼의 가치와 이유가 있다.'는 점을 설명한다.

자신의 지적, 반론의 주안점을 인정하는 것으로 상대는 이쪽을 받아들이고 말에 귀를 기울여줄 것이다.

> 허점을 찔리거나 반론을 당한 경우, 누구라도 흥분해서 '그럴 리가 없다.', '틀린 것은 그쪽이다.'며 맞설 것이다. 하지만 이런 행동은 불난 집에 부채질하는 것과 같은 것으로 상대의 감정을 점점 더 격앙되게 만들 뿐이다.

03
긴장된 마음의 치유법

얼마 전, 넥타이를 사러 백화점에 갔을 때, 흥미진진한 광경을 목격했다. 우연히 지나던 장난감 코너에서 세 살 정도 되는 아이가 "이거 사줘, 이거 사줘." 하며 큰 소리로 떼를 쓰고 있었다.

그러자 한참 아이의 행동을 잠자코 지켜보고 있던 어머니가 갑자기 "어, UFO다."라며 천장을 가리켰다. 울고 있던 아이는 한순간 울음을 멈췄다. 우는 것에 모든 신경을 집중하고 있던 아이는 자신의 요구를 잊어버린 듯이 얌전하게 엄마의 손에 이끌려 사람들 속으로 사라졌다.

필자는 이것을 '유성(流星)전법'이라고 부른다. 사람의 신경을 흩뜨리기 위해 오래 전부터 사용되어져 온 테크닉이다. 즉 '아~ 유성이다.'라고 말하고 무언가에 집중하고 있던 상대의 주의를 한 순간 흩어지게 만들어 상대의 마음의 긴장을 풀어버리게 만드는 수법이다.

보통은 한번 울기 시작한 아이는 대부분 때리거나 달래도 울음을 멈추지 않는다. 엄마가 주위의 시선을 의식하며 우는 아이를 마치 짐짝처럼 얼싸안고 데리고 가는 광경을 본 사람이 많을 것이다. 그리고 아이스크림이나 주스 따위를 사줌으로써 간신히 아이의 기분을 돌릴 수가 있는 것이다. 사실은 이런 때에는 제일 당황하는 것은 어머니 쪽이다. 필자가 우연히 목격한 광경에서 우는 아이의 어머니는 '유성전법'으로 위기를 회피할 수 있었던 것이다.

이 전법의 효과는 바보 같은 인상을 줄지도 모른다. 하지만 그 장소에 있었던 사람들에게 커다란 충격을 준 사건이었다. 특히 주위의 사람을 안심시켰다는 의미에서 그 어머니의 행동은 누구나가 할 수 있는 것이라고는 말할 수 없다.

물론 '유성전법'의 유효성은 아이에게만 적용되는 것이 아니다. 얼핏 아이를 속이는 것처럼 보이지만 팽팽한 긴장감이 감돌고 있는 상황에서 사용하면 신기하게도 효과를 거둘 수 있다.

한 회사의 경영자는 노조와 단체교섭의 긴박한 상황에서 "예스

인지 노인지 확실히 대답하라."고 재촉을 받을 때, "자네 목소리 참 좋군." 하고 말했다고 한다. 이것도 경영자 본인이 의식하고 있었는지 어떤지는 별도로 하더라도 상호 간에 이득이 되지 않는 관계를 부드럽게 만드는 '유성전법'이라고 할 수 있을 것이다.

'유성전법'은 팽팽한 긴장감이 감돌고 있는 상황에서 사용하면 신기하게도 효과를 거둘 수 있다.

04 '알았다.'는 말은 언어상의 트릭

　종종 지역구에서 진정서를 낸 사람들에게 '알았다.'며 그 진정을 도중에 차단시키는 국회의원이 있다. 이 '알았다.'는 말은 미묘한 뉘앙스를 함축하고 있다. 듣는 사람 쪽에서 보면 자신의 말하고 싶은 내용이 상대에게 전달되어 상대가 그것을 양해했다고 생각하기 쉽지만, 말하는 사람 쪽에서 보면 '어쨌든 당신이 말하고 싶은 것은 알았다.'는 것으로 '그렇다고 해서 OK를 한 것은 아니다.'는 말일지도 모른다. 단순한 말의 표현이나 또는 언어상의 트릭이라고 받아들여질 수가 있으며, 사실 그런 경우도 많다. 하지만 실제로 이렇게 말하는 것은 비즈니스상의 트러블 등에서 생각지도 못한 효력을 발휘한다.

예를 들어 집요한 항의나 요구에 기세가 눌리고 있을 때, 이쪽에서는 그런 이야기나 요구는 도저히 받아들일 수 있는 것이 아니라고 하자. 하지만 상대는 대단히 감정적이 되어 있고, 또 자신의 요구가 결코 부당하다고는 생각하지 않기 때문에 대응에 곤란을 겪게 된다. 먼저 합리적으로 설득하는 것은 불가능하지만 어떻게 해서든지 그 자리에서 정리해서 상대가 납득하기를 바라는 것이다.

누구라도 경험이 있는 일일 것이다.

위의 국회의원과 같은 '알았다, 알았다.'는 상당히 거친 표현으로 이 같은 상대에게는 잘못하면 역효과를 낼 수도 있다. 이런 때에는 '예, 한번 검토하겠습니다.' 또는 '예, 조사해 보겠습니다.'라는 것이 무난한 방법일 것이다.

이 말에는 상대의 요구 내지는 항의의 내용을 '들었다.', '조사한다.'는 사실은 인정해도 그 결과를 어떻게 할 것인지에 대해서는 이쪽의 의사를 명확하게 밝히지는 않고 있다. 즉 상대의 말을 '인정한다.' 또는 '양해했다.'라는 뉘앙스는 어느 쪽에도 포함되어 있지 않은 것이다. 하지만 '그런 이야기는 들을 수 없다.', '도저히 인정할 수 없다.'라는 대답을 예상하고, 반발의 에너지를 가지고 있는 상내에는는 이 '검토해 보겠습니다.'라는 말의 표현은 공격에너지 저하의 효과를 발휘해서 '양해했다.'는 것과 같은 충족감을 전해 주는 것이다.

똑같은 '검토하겠습니다.'라는 말의 표현에도 상대에게 말하고 싶은 만큼 말하게 하고, 몇 번인가 문답을 반복한 후에 말하는 편이 처음부터 심리적으로 봐서 보다 효과가 있는 것은 당연한 것이다.

> '알았다.'는 말은 단순한 말의 표현이나 또는 언어상의 트릭이라고 받아들여질 수가 있으며, 사실 그런 경우도 많다. 하지만 실제로 이렇게 말하는 것은 비즈니스상의 트러블 등에서 생각지도 못한 효력을 발휘한다.

05
뒤끝이 없는 사이

어느 날, TV에서 우연히 한 코미디 프로그램을 본 적이 있다. 당시의 인기 만담가들이 사회자가 던지는 질문에 즉흥적으로 대답하면서 재치와 기지를 겨루는 장수프로로 시청률도 높았다.

그때 필자가 강한 인상을 받은 것은 출연자들이 서로 주고받는 험담이나 욕이었다. 보고 있는 필자가 걱정이 될 정도였다. 처음에는 'TV프로니까~'라고 그럴 수도 있다고 생각했지만, 그렇게 쉽게 생각할 정도가 아닌 가혹한 것이었다.

사실은 이런 점이 이 프로의 인기비결이었다. 즉, 서로 간의 험담은 출연자들 긴에 사이기 좋지 않으면 할 수 없는 것으로 이러한 관계를 시청자들도 즐기고 있는 것이다.

생각하는 대로 험담을 해도 뒤끝이 없는 사이라는 것은 양자 간에 진한 신뢰관계가 있어야만 성립되는 것이다. 그 정도로 허물없는 관계는 흔한 것이 아니다.

만약 일 관계에서 상대와 좀 더 친근하고 솔직한 관계를 원하거나 상대의 신뢰를 얻어야만 하는 국면에 직면했을 때, 이것을 반대로 이용할 수는 없을까. 사업상의 교제나 교섭상대와의 관계는 갑자기 모든 것을 다 털어놓고 친해질 수는 없을 것이다. 서로 간에 관계를 숙고하거나 관찰하는 등의 표면적인 교제로 시작된다.

이와 같은 멋쩍은 관계가 계속된다면 교섭이나 상담은 좀처럼 진전되지 못할 것이다.

이럴 때 친한 사이가 아니면 말하지 못하는 고민을 넌지시 토로해 보는 것도 한 가지 방법이다.

예를 들어 "걱정하는 것은 잘 알겠습니다만, 왜 그렇게 나쁜 쪽으로만 성급히 결론을 내리십니까?"라거나 "실례인 줄 알지만 너무 신중한 게 아닌가 하고 생각되는데요."라는 말은 흔한 상투적인 말이나 아부하는 말만을 들었던 상대의 입장에서 보면 신선한 느낌을 줄 것이다.

그리고 그 순간부터 상대의 당신에 대한 평가도 지금까지와는 달라질 것이다. '지금까지 자신을 관심 있게 보고 있었구나.' 하고 상대가 느낀다면 그것은 그의 마음속에 당신에 대한 신뢰가 싹트기 시작했다고 할 수 있다.

말하기 거북한 것을 말함으로써 서먹한 관계가 친근한 사이로 변화되면 당연히 난항하고 있던 사업상의 문제도 좋은 방향으로 향할 것이다.

생각하는 대로 험담을 해도 뒤끝이 없는 사이라는 것은 양자 간에 진한 신뢰관계가 있어야만 성립되는 것이다.

06
답변하는 행동

　TV의 국회중계를 보고 있으면 설득술의 진수에 대해 많은 공부를 할 수 있다. 특히 정부의 답변은 그런 의미에서 '더없는 걸작'이라고 할 수 있고 많은 참고가 된다.
　"제가 들은 바로는 최신예 전투기 F16이 모처에 30대나 배치된다고 합니다. 그것에 관계되는 미군과 그 가족 3,000명도 온다고 합니다. 이것은 지나치게 타국을 자극하는 것은 아닌지, F16은 최대 항속거리로 유명하지만, 총리는 전수방어에 대해 어떻게 생각하고 있는지, 이 점에 대해 명확한 답변을 듣고 싶습니다."
　이것은 일찍이 국회에서 실제로 있었던 질의이다. 이 질의에 대한 정부 수뇌의 답변은 "'국민은, 자신의 국가는 자신의 힘으로 지켜야 한다는 의지를 가지고 있지 않으면 안 된다.'고 생각하고 있습니다."였다.

정확한 의미에서는 답변이 될 수 없지만 딱히 질의를 무시했다거나 잘못된 답변을 한 것도 아니다.

이렇게 적당히 은근슬쩍 의논을 넘기는 논법에는 주의를 해야겠지만, 반대로 이쪽의 기분이나 입장 등을 무시하고 집요하게 물고 늘어지는 상대를 맞았을 때에는 오히려 이런 방법이 효과가 있다. '답변하라.', '확답을 내라.'고 재촉하는 사람은 특히 상대의 말의 내용 등을 처음부터 받아들이려고 하지 않고 허점이 있으면 공격하거나, 답변태도의 트집을 잡으려고 하는 경우가 많다. 물론 대답하지 않으면 '성의가 없지 않은가.'라고 공격할 자세이다.

이런 상대에게는 어찌 됐건 '답변'을 하는 것이 중요하다. 극단적으로 말하면 답변하는 행동이 중요한 것이지 내용은 그 다음 문제라고 할 수 있다.

그렇다고 해서 내용을 정면에서 반박하는 답변을 하면 상대의 페이스에 빠지고, 전혀 엉뚱한 답변을 하면 놀림을 당하고 있다고 생각해서 더 흥분해 버린다. 이것이야말로 상대가 바라던 바이다.

이럴 때 유효한 것은 '당신의 질의에 대한 답변이 될지는 모르겠지만.'이라고 전제하고 질의의 주변부분에 대해 말하는 것이다.

'직접적으로는 답변이 되지 않는다.'는 것은 뒤집어 생각하면 '간접적으로 관계가 있다.'라는 것이다. 따라서 상대는 어찌 됐든 듣지 않으면 안 된다. 트집을 잡거나 뒷덜미를 잡으려는 목적의 상대에게 효과적인 방법이라고 할 수 있다.

> 확실히 대답하라고 재촉하는 사람은 특히 상대의 말의 내용 등을 처음부터 받아들이려고 하지 않고 허점이 있으면 공격하거나, 답변태도의 트집을 잡으려고 하는 경우가 많다. 이런 상대에게는 어찌 됐건 '답변'을 하는 것이 중요하다. 극단적으로 말하면 답변하는 행동이 중요한 것이지 내용은 그 다음 문제라고 할 수 있다.

07
마이너스에서 플러스로 전향

사람에게는 전체적인 시점에서 생각하는 사람과 세심한 시점에서 사물을 생각하는 사람, 두 가지 타입이 있다.

일반적으로는 대국적으로 사물을 바라본다는 의미에서 전자의 타입이 가치가 있다고 평가되고 있는 듯하다.

이런 경향에 착안하면 설득하기 곤란한 상대와도 비교적 온화하게 논의를 진행할 수가 있다. 예를 들어 열에서 일곱까지가 일치하고 남은 셋이 문제의 쟁점이 되고 있다고 하자.

문제점만이 언제까지나 화제의 중심이 되어 있는 한 논의는 평행선을 걸을 수밖에 없으며 합의점에 도달할 수가 없다.

이럴 때 의식적으로 '대국적으로는', '포괄적으로는', '전체적으로는' 등의 말을 넣는 것이 효과적이다.

설사 남겨진 세 개가 상당히 중요한 것이고, 포괄적으로 합의할 수 있는 상황까지 접근해 있다는 것이 전해지면 상대도 남겨진 세 가지 이견에만 집착해서 교착상태가 지속되는 것보다 훨씬 긍정적인 기분으로 교섭을 진행할 수 있을 것이다.

반대로 세부의 공통점을 강조하는 방법도 있다. 그 공통점을 강조해서 상대의 마음을 열게 하면 되는 것이다. 즉 '전체적인 것은 우선 제쳐두고.'라고 전제하고, 적어도 그 점에 관한한 완전히 일치하고 있다고 말한다.

'완전히', '완벽하게', '어떤 차이도 없이' 등의 말로 조그마한 일치점이 있다는 것을 상대에게 인식시키는 것이다.

이러한 말로 인해 완고하게 설득을 거부하고 있던 상대의 마음이 점차로 풀어지고, 난항하고 있던 교섭이 매끄럽게 진행되는 경우가 종종 있다.

주지하다시피 두 가지 테크닉은 완전히 똑같은 것이다. 요약해서 말하면 대략적인 것을 강조하는지, 세부적인 것을 강조하는지의 차이일 뿐 근본은 '일치하고 있다.'라는 사실을 인식시킴으로써, 상대의 심정을 마이너스에서 플러스로 전향시킨다는 것이다.

합의점에 도달할 수가 없을 때는 의식적으로 '대국적으로는', '포괄적으로는', '전체적으로는' 등의 말을 넣는 것이 효과적이다. 반대로 세부의 공통점을 강조하는 방법도 있다. 즉 '전체적인 것은 우선 제쳐두고.'라고 전제하고, 적어도 그 점에 관한한 완전히 일치하고 있다고 말한다.

08
자존심을 건드려야 하는 벽창호

한 중학교에 A라는 문제 학생이 있었다. A는 20명 이상의 학생들을 모아 우두머리가 되었고 교내에서 마치 폭력배와 같이 활동했다고 한다. 몇 명의 선생님이 이런저런 설득을 해보았지만 좀처럼 효과를 거둘 수가 없었다. 그뿐 아니라 점점 가관인 것이 교사에게 반항하고 결국에는 학교에서도 두 손을 들게 되었다.

그런데 신학기가 시작되자 다른 학교에서 학생선도에 관한 한 타에 추종을 불허하는 유능한 선생님이 전근을 왔다. 그 선생님은 먼저 A라는 문제 학생을 선도하기 위해 행동에 들어갔다. 그러자 먼저 A를 둘러싸고 있는 B와 C라는 두 명의 학생의 존재를 알게 되었다. 목표는 어디까지나 A이지만, B와 C를 조직에서 탈퇴할 것을 설득하도록 이야기했다.

그 선생은 A에게 "너는 이젠 상관하지 않겠다. 선생님들도 포기했다. 하지만 B와 C는 장래가 있어 보인다. B와 C의 장래를 네가 멋대로 하도록 놓아둘 수가 없다. B와 C는 지금이라면 다시 시작할 수 있다. 네가 책임을 지고 두 아이가 바르게 살 수 있도록 설득해줘야겠다."고 부탁한 것이다. A는 비행그룹이라고 해도 한 그룹의 리더가 된 사람이다. 선생님에게 그렇게 말을 들으면 어쩐지 신뢰받은 기분이 드는 것은 당연한 것이다.

A는 며칠에 걸쳐서 같은 문제 학생인 B와 C를 설득했다. 그리고 B와 C를 그룹에서 발을 빼도록 하는 데 성공했다.

그런데 그로부터 며칠 후, A 본인도 선생님을 찾아와서 자신도 다시 한 번 시작하기를 결심했다며 멋쩍은 웃음을 띠면서 이야기를 했다. 그 선생님의 얼굴에 자신도 모르게 만족감이 떠오른 것은 쉽게 상상할 수 있을 것이다.

만약 문제 학생인 A를 직접 설득하려고 했다면 반항심이 강한 시기인 만큼 A는 선생님의 말을 있는 그대로 들으려고 하지는 않을 것이다. 오히려 반발심만 부추길 수가 있었을 것이다.

이런 경우 실제로는 본인의 문제라도 본인과는 관계없는 것같이 보이게 해서 상대의 문제를 제시한다. 즉 당사자에게 다른 닮은 상황에 있는 사람을 설득하도록 만드는 것이다. 그러면 본인은 자신의 자아를 상처 입히지 않고 문제의 본질과 상황을 객관적으로 파악할 수 있게 된다. A는 B와 C를 '제삼자의 눈'으로 보고 그 어리석음을 깨닫고 오히려 자기 자신을 냉정하게 바라보고 반성하는 계기를 가지게 되는 것이다.

이 방법은 부하의 교육에도 응용할 수 있다. 직접 말해도 받아들이지 않는 부하에게는 같은 문제를 가진 다른 부하를 인용해서 "자네가 한마디 해주지 않겠나."라는 말을 전하게 하는 것이다.

> 실제로는 본인의 문제라도 본인과는 관계없는 것같이 보이게 해서 상대의 문제를 제시한다. 즉 당사자에게 다른 닮은 상황에 있는 사람을 설득하도록 만드는 것이다.

09 상대가 느낄 감정을 자신이 먼저 파악

교섭의 자리에서 상대에게 대단히 불리한 조건을 제시하고 상대를 설득하지 않으면 안 될 때, 또는 상대의 신경에 거슬리는 것을 알고 있는 내용을 상대에게 전달하고 그 내용을 관철시켜야만 할 때가 비즈니스의 세계에서는 왕왕 있다.

냉혹한 비즈니스 세계라고 해도 상호신뢰관계는 존재하기 때문에 악조건을 제시해서 관계를 악화시키고 싶지는 않을 것이다. 그렇지만 회사의 이익을 대변하고 있기 때문에 한 발도 양보할 수 없는 경우가 있다. 이런 딜레마로 고민하는 사람이 적지 않다. 더욱이 간신히 좋은 관계를 쌓아가고 있는 상대라면 더욱더 그럴 것이다.

그럴 때, 갑자기 상대에게 불리한 이야기를 꺼내면 당연히 상대는 당신의 이야기를 듣는 그 순간부터 불쾌한 감정에 휩싸일 것이다. 이 불쾌함은 말을 들을수록 더 커져서 마침내는 강한 거부반응을 불러일으킨다. 자신은 상대에게 악조건을 제시하고 있다는 부담감이 있기 때문에 더욱더 곤란한 상황으로 몰리는 느낌을 갖게 된다.

이럴 때, 말을 꺼내기 전에 상대의 불쾌감이나 화난 감정을 조금이라도 완화시킬 수 있는 상황을 만들어두면 좋다. 그 효과적인 방법 중 하나는 상대가 느낄 감정을 자신이 먼저 파악하는 방법이다.

예를 들어 본론에 들어가기 전에 "이건 화를 낼 것을 충분히 예상하면서도 말씀드리는 겁니다만."이라고 한마디 덧붙이면 상대는 받아들이는 법도 상당히 달라진다.

약한 모습을 보이면 점점 형세가 불리하게 되지는 않을까라는 걱정도 있을 것이다. 개중에는 '알고 있다면 그런 조건은 제시하지 말라.'고 화를 내는 사람도 있을지도 모른다. 이때 오히려 자신이 화를 내서 요구의 정당성을 관철시키는 것보다는 위의 방법이 훨씬 더 상대의 이해를 얻기 위해 쉬운 것은 사실이다.

더욱이 자신의 태도가 간파당하면 방어본능에서 '자신은 절대로 상대가 간파한 대로 행동하지 않을 거야.'라는 심리도 작용하게 된다. 상대에게 자신의 속내를 간파당할 정도로 자신은 소인이 아니라는 오기도 생기게 된다. 이러한 심리 메커니즘과 어울려 아무리 말의 내용이 불쾌한 것이라도 자신이 화를 내서는 안 된다.

일단 냉정하게 이쪽의 말을 듣게 만들면 보상조건 등의 내용의 이야기도 꺼낼 수가 있을 것이다. 중요한 것은 관계를 깨고 싶어서 말하는 것이 아니라는 것을 상대에게 인식시키는 것이다.

> 갑자기 상대에게 불리한 이야기를 꺼내면 당연히 상대는 당신의 이야기를 듣는 그 순간부터 불쾌한 감정에 휩싸일 것이다. 이럴 때, 말을 꺼내기 전에 상대의 불쾌감이나 화난 감정을 조금이라도 완화시킬 수 있는 상황을 만들어두면 좋다. 그 효과적인 방법 중 하나는 상대가 느낄 감정을 자신이 먼저 파악하는 방법이다.

10
한 발 양보하면
결국은 백 보를 양보

"세일즈는 거절당한 순간부터 시작된다."

이 말은 생명보험분야에서 최고의 실적을 올려 '세일즈의 신'으로 불린 사람의 말이다. 분명히 세일즈맨이 고객에게 거절당하고 그대로 쉽사리 물러서면 실적을 올릴 수가 없다.

세일즈의 수완은 상대의 거절을 넘어서 얼마나 상대의 마음을 사로잡는지에 달려 있는 것이다.

수완이 좋은 세일즈맨이 잘 쓰는 방법에 거절당해도 그대로 물러서지 않고 "말만이라도 들어주십시오." 또는 "5분만 시간을 주십시오." 등의 상대가 받아들이기 쉬운 한정조건을 제시하면서 물고 늘어지는 방법이 있다.

고객이 모든 상품을 가지고 있거나, 정말로 바빠서라면 어쩔 수 없지만, 그다지 확실한 거절의 이유가 없는 경우, 이러한 한정조건을 제시하면 인정상 매몰차게 거절할 수는 없을 것이다.

자신도 모르게 '말만 들어주는 것은 괜찮겠다. 5분 정도라면 괜찮겠다.'는 생각이 들기 쉬운 것이다. 이것이 그가 바라던 것이다.

이렇게 해서 일단 상대의 방어심을 무너뜨리는 데 성공하면 5분이 10분, 10분이 20분이 되고, 말만 들으려던 고객에게 그 상품을 구입하게 만드는 일도 그다지 어려운 것은 아니다. 즉 한정조건이라고 접근해서 상대를 설득하는 것이다. 위에서 알 수 있듯이 인간의 경계심은 첫 번째 관문을 돌파당하면 의외로 약한 일면을 가지고 있다. 한 발 양보하면 결국은 백 보를 양보하는 상황에 빠지기 쉬운 것이다. 이것도 인간심리의 허점 중에 하나일지 모른다.

이런 인간심리를 이용한 테크닉은 우리들의 일상생활에서도 종종 발견할 수 있다. 예를 들어 돈을 빌리는 데 능숙한 사람은 100만 원을 빌리는 것이 목적이라면 처음부터 '100만 원을 빌려 달라.'고 하지 않는다.

처음에는 5만 원이나 10만 원 등 상대가 가볍게 빌려줄 수 있는 금액을 꺼내서 먼저 상대의 경계심을 푼다. 그리고 자신에게 대하는 경계심이 느슨해졌다는 걸 깨달으면 그때야 필요한 금액을 빌려 달라는 말을 꺼낸다. 상대는 이미 의뢰에 응할 마음이 되어 있기 때문에 금액이 커졌다고 해서 돌연 손바닥 뒤집듯이 마음은 바뀌지 않는다.

이처럼 경계심이란 의뢰로 간단하게 허물어버릴 수 있는 것이기도 하다.

유감스러운 일이지만 한 번 한 약속은 깨지 않는 사람이나 성실하고 정직한 사람일수록 이런 방법에 쉽게 빠지기 때문에 주의하기를 바란다.

> 인간의 경계심은 첫 번째 관문을 돌파당하면 의외로 약한 일면을 가지고 있다. 한 발 양보하면 결국은 백 보를 양보하는 상황에 빠지기 쉬운 것이다.

11
타이밍 간파

　세상에는 이상하게 공격적이고 남의 말꼬리를 잡거나 불평불만을 늘어놓는 사람들이 상당히 많다. 이럴 때, 그들의 감정은 격앙되어 있기 때문에 설득을 한다는 것은 무리이다. 따라서 상대의 마음을 빨리 식혀줄 필요가 있다.

　그런 의미에서 모 자동차 영업소에서 판매 1위를 자랑하는 세일즈맨의 말은 참고가 될 것이다. 그가 팔고 있는 것은 업계 4위 메이커의 승용차이지만, 그는 다른 메이커의 차를 타고 있는 사람에게도 자사의 차를 사게 만드는 명인으로 유명하다.

　그의 말에 의하면 다른 메이커의 차를 타고 있는 고객 열 명 중

두 명은 자신의 차에 어떤 형태로든 불만과 불평이 있다고 한다. 말하자면 평소에 잠재적 '교체욕구'를 가지고 있다는 것이다. 더욱이 그렇게 생각하고 있는 사람일수록 예외 없이 '자동차 마니아'라고 한다. 차에 대해서 많이 알면 알수록 보다 이상적인 차를 가지고 싶어 하는 것은 인지상정일 것이다.

이런 사람은 상담을 해도 자신의 자동차에 대한 지식을 기초로 4위 메이커의 결점을 장황하게 늘어놓는데, 이때야말로 절호의 찬스라고 한다. 무관심한 상대보다 훨씬 설득하기가 쉽기 때문이다.

이때 그는 자신이 팔고 있는 자동차에 대해 변명 따위는 하지 않고, 오로지 상대의 지식을 칭찬하기만 한다. 진지한 표정을 지으면서 마음속으로부터 감탄했다는 태도로 "어디서 그런 지식을 얻었습니까?", "프로인 저도 배울 게 많았습니다." 이렇게 철저하게 상대를 추켜세운다. 불평가나 공격적 성향의 사람에 한해서 이 '추켜세우기'에는 약하기 마련이다. 그는 그것을 잘 알고 있기 때문에 때에 따라서는 칭찬받은 상대가 질릴 정도로 추켜세운다.

심리학자 R. G. 지노트는 아이는 너무 칭찬을 받으면 자신이 그만큼 칭찬을 받을 만하지 않다는 것을 알게 되는 것이 두려워 장난을 치기 시작해서 불안을 해소시키려고 한다고 주장한다. 어른이 돼도 특히 유아성을 지닌 사람은 대부분 같은 반응을 나타내고, 특히 공격적인 사람일수록 이런 경향이 많이 나타난다고 한다.

그들에게 보통의 상태로 아부를 해도 약효는 없다. 이 자동차 세일즈맨이 일단 자동차를 파는 것과는 무관한 것부터 시작한 것처럼, 직접 관계가 없는 화제에서부터 추켜세우는 것이다. 그러면 이상하게도 상대의 공격의 창끝은 점차로 둔해진다. 이 타이밍을 간파해서 본론에 들어가면 이쪽의 말은 쉽사리 상대의 머릿속에 들어갈 것이다. 허점만 있으면 공격하려는 타입에게는 이러한 트릭을 사용하더라도 죄는 되지 않을 것이다.

> 공격적인 사람에게 보통의 상태로 아부를 해도 약효는 없다. 직접 관계가 없는 화제에서부터 추켜세우는 것이다. 그러면 이상하게도 상대의 공격의 창끝은 점차로 둔해진다. 이 타이밍을 간파해서 본론에 들어가면 이쪽의 말은 쉽사리 상대의 머릿속에 들어갈 것이다.

12
얼버무리는 방법

  작가이자 TV 사회자로도 활약하고 있는 A 씨의 다음과 같은 에피소드를 들은 적이 있다.

  A 씨의 딸이 밤 10시의 귀가시간을 어기고 아침에 술에 취해서 돌아왔다. 현관에서 딸을 맞이한 A 씨 부인은 크게 화를 내며 "어쨌든 아버지한테 사죄하고 오너라."라고 말했다. 딸은 불호령이 떨어질 것을 각오하고 아버지의 방으로 들어갔다. 그런데 A 씨는 그런 딸의 모습을 흘낏 쳐다보고는 '바보'라는 말을 내뱉고 방을 나가버렸다.

  이 한마디 말로 딸은 자신의 잘못을 깊이 반성하고 그 후부터는 귀가시간을 정확히 지켰다고 한다.

밤새껏 애를 태우며 딸을 기다렸던 부모의 심정은 어떠했을까? 이 '바보'라는 말에는 백 마디 말보다 더 많은 의미와 심정이 함축되어 있을 것이라는 것은 잘 알 수 있을 것이다.

아이를 꾸짖을 때 누구나 경험하는 것이지만 반발심을 품고 있는 상대에게 반성을 재촉하는 것은 대단히 어려운 일이다. "약속을 지키지 않으면 안 된다.", "그러니까 그만큼 주의를 줬는데도."라며 소리를 지르며 말로 타이르려고 한다. 그런데 이 행동과 말에 자식이 조금이라도 반항적인 언동을 보이면 "뭐야 그 태도는, 아직 반성하지 않았구나."라며 집요한 설교를 장황하게 늘어놓게 된다.

그런데 이쪽이 심하게 꾸짖으면 꾸짖을수록 상대의 반발심은 점점 더 커져만 가는 경우가 적지 않다. 장황한 말을 늘어놓으면서 반성을 재촉하는 것이 오히려 반발심만 부추기는 결과를 초래하기도 한다. 이것이 서로의 친밀한 관계를 훼손시키고, 되돌릴 수 없는 사태를 초래하기도 한다.

이처럼 반발을 하려고 하는 상대에게는 그 터져 나올 듯한 분노를 정면에서 받아치지 말고 그 흐름을 잠깐 넘기며 얼버무리는 방법도 필요하다. A 씨처럼 얼버무려 반발심을 누그러뜨리는 한마디가 효과적이라는 것이다. 이렇게 반발을 하고 싶어도 상대가 오히려 넘겨버리면 그 반발에너지는 자기 자신에게 되돌아와서는 반성에너지로 바뀌어 간다.

더욱이 A 씨의 경우는 부인의 질책으로 딸의 마음속에 반발심이 커져 있는데, A 씨가 얼버무림으로써 딸의 반발심의 하락의 폭은 보다 커질 수밖에 없었고 당연히 그 효과도 더 커진 것이다.

A 씨 부부가 딱히 합심해서 그런 작전을 취한 것이 아니겠지만, 부하나 아이들을 반성하게 만들고 싶은 경우에는 이 방법을 의식적으로 사용해 보는 것도 좋을 것 같다.

🤝 반발을 하려고 하는 상대에게는 그 터져 나올 듯한 분노를 정면에서 받아치지 말고 그 흐름을 잠깐 넘기며 얼버무리는 방법도 필요하다.

13
흥분해 있는 상대가 진정되는 동작

112나 119 전화를 받는 경찰서나 소방서의 관계자는 일부러 느린 말투로 대응하도록 교육을 받는다.

범죄나 화재의 발생을 통보해 오는 경우, 대부분의 사람은 흥분한 나머지 말의 앞뒤가 맞지 않는다.

하지만 관계자가 침착한 말투로 대응하면 통보자도 자연스럽게 침착하고 냉정하게 상황을 설명할 수 있게 된다.

신고 경험자의 이야기로는 처음에는 자신이 긴급한 상황을 전달하는데 전화를 받는 사람이 느긋한 목소리로 대답하면 화가 났지만, 말하고 있는 사이에 상기된 목소리도 진정되고 머릿속도 정리되어서 정확한 신고를 할 수 있었다고 한다.

만약 이것이 반대였다면 어땠을까.

'예! 화재라고요, 어딥니까! 당신이 있는 곳은, 아니 화재가 난 곳은? 여기라니요. 여기가 어딥니까? 안 보이냐고요? 저는 전화실 안에 있습니다. 전화번호, 아니 주소를 빨리 불러주세요. 빨리~.'

이런 상태라면 상대는 자신의 주소조차도 제대로 떠올리지 못할 것이다.

일상생활에서도 항의나 클레임을 토로하러 온 상대를 위로만 해서는 안 되는 경우가 종종 있다.

흥분상태에 있는 상대를 향해 정면에서부터 합리적인 이론만으로 설득할 수는 없다. 이럴 때야말로 이 테크닉이 필요한 것이다.

상대의 말하는 주장에 대해 천천히 대응하거나, 담배에 불을 붙이거나, 천천히 메모를 하는 동작을 해 보인다. 기세등등하던 상대도 이처럼 의식적으로 템포를 어긋나게 만들면 기세가 헛돌아서 점차 냉정을 되찾게 된다. 그렇게 되면 합리적으로 이야기를 나눌 수 있으며, 이쪽이 주도권을 잡고서 이야기를 진행시켜 나가기 쉬워진다.

택시회사에는 반드시 사고처리 담당자가 있는데, 베테랑이 되면 이런 심리적 테크닉을 구사해서 지나칠 정도로 정중하고 느린 동작, 말투로 흥분해 있는 상대를 능숙하게 달래는 경우도 적지 않다.

단지 말만으로 그 상황만을 넘긴다는 것이 아니라, 결과적으로 상대를 냉정해지게 만들어 상황을 잘 파악하게 만든다는 것이다.

🤝 흥분상태에 있는 상대를 향해 정면에서부터 합리적인 이론만으로 설득할 수는 없다. 이럴 때는 상대의 말하는 주장에 대해 천천히 대응하거나, 담배에 불을 붙이거나, 천천히 메모를 하는 동작을 해 보인다.

14
밑 빠진 독에 물 붓기

　얼마 전 한 대기업 부장인 지인에게서 흥미 있는 이야기를 들었다. 그가 근무하는 부서에서는 무슨 이유에서인지 다들 출근시간이 늦고 업무능력도 매우 나쁘다고 한다. 그 부서는 매출도 다른 부서에 비해 적어서 그가 조사해 보니 아무래도 부서의 책임자인 과장에게 원인이 있다는 것을 알게 되었다.

　그 과장은 낙천적이라고 할지, 집착하지 않는 성격이었는데 반대로 이야기하면 무책임하다고 할 수 있는 것이었다. 그래서 직속상관인 부장이 과장에게 주의를 주었다.

　"당신은 관리직이니까 좀 더 확실히 하시오." 하고 주의를 줬는데 과장은 "예, 알겠습니다."라고 대답은 했지만 그 후에도 좀처럼 개선되지 않았다.

그래서 등장한 것이 인사관리 컨설턴트 출신의 고문이었다. 그는 "당신은 문제가 없다고 하더라도 다른 직원들은 아침에도 늦고 업무능력도 오르지 않는 것 같군. 자네가 움직여서 엄중하게 주의를 주게." 하며 과장을 추켜세웠다. 그 후 그 부서는 조금씩 바뀌어서 지금은 뛰어난 부서가 되었다고 한다.

앞의 부장이 주의를 줘도 효과가 없었던 것은 말로만 "알았습니다."라고 말했지만 결국 무책임한 성격이기 때문에 '그런 일은 내 탓이 아니다.'라고 생각한 것임에 틀림없다. 무책임한 사람에게는 자신이 나쁘다는 감각이 결여되어 있기 때문에 말로만 그 사람을 책망해도 밑 빠진 독에 물 붓기와 같이 효과가 없다. 고문은 이 무책임한 성격에 대해 잘 알고 있었던 것이다.

무책임이라는 것은 말 그대로 자신은 책임을 지지 않기 때문에 타인에게 책임의 화살을 돌려서 자신이 해야만 하는 상황으로 만들어야 한다. 고문은 이 점을 잘 알고 있어서 본인을 추궁하지 않고 오히려 '자네가 하면.'이라고 추켜세워서 그 사람이 해야만 하는 상황으로 만든 것이다.

이와 같은 사람은 흔히 있고 이런 사람일수록 평소에 변명을 준비하고 책임을 전가한다. 도망치기만 하기 때문에 도망치지 않도록 하는 것이 중요하다. 하지만 직접 그 사람을 타일러도 책임을 자각하지 못하고 있기 때문에 효과를 바라는 것은 무리이다. 타인에게 '나는 잘못한 게 없는데.' 하는 변명만 하는 것이 전부이다. 그뿐 아니라 오히려 반발만 초래하기도 한다.

보통 이런 사람들은 평소에 다른 사람의 행동이나 말을 유심히 보고 있다. 그래서 타인들의 결점 교정을 구실 삼아서 그 자신이 바뀌지 않으면 안 되는 상황으로 몰아가는 것이 가능한 것이다.

무책임한 사람에게는 자신이 나쁘다는 감각이 결여되어 있기 때문에 말로만 그 사람을 책망해도 밑 빠진 독에 물 붓기와 같이 효과가 없다. 이럴 때는 본인을 추궁하지 않고 오히려 '자네가 하면.'이라고 추켜세워서 그 사람이 해야만 하는 상황으로 만든다.

15
'노'가 '예스'로 바꾸는 교묘한 수법

　집요한 가두모금이나 보험 권유에 대해 '노'라고 말하는 것은 그다지 기분 좋은 일은 아니다. 그렇다고 쉽게 '예스'라고 말할 수도 없는 일이다. 이런 심리적 갈등 때문인지 '노'라고 말할 때, 그 사람의 몸속의 근육, 신경, 내분비선까지 긴장하게 된다고 한다. 반대로 '예스'라고 긍정할 때에는 신체의 생리기구도 저절로 완화되어 외부의 것을 쉽게 받아들일 수 있는 부드러운 태도를 취하고 있다.

　이러한 심리를 이용해서 '노'라는 완고한 자세를 무너뜨리는 수법도 있기 때문에 방심할 수 없다. 먼저 위에서 말한 심리적 갈

등을 해소하고 마음자세를 '예스'의 방향으로 궤도수정을 하는 것이다.

이런 심리자세는 '멘탈세트'라고 불리는데 '노'의 멘탈세트가 갑자기 '예스'의 멘탈세트로 바뀌는 것은 불가능하다. 그래서 상대방은 '예스'의 방향으로 교묘하게 유도해서 서서히 '예스'의 멘탈세트로 만들어가려고 하는 것이다.

세일즈나 권유를 완고하게 거부할 때, 우리들은 '노'의 멘탈세트 상태에 있기 때문에 저절로 어색한 표정이나 자세를 취하고 있는 경우가 많다. 이런 상태라면 아무리 권유받거나 설득하려 해도 '필요 없다.'는 말만으로도 충분하다. 하지만 이쪽의 '노'의 표정을 파악하고 상대가 머리를 써서 '예스'라고 대답할 수밖에 없는 질문을 반복해서 해온다면 어떻게 될까. 사실은 이것이야말로 '노'의 멘탈세트를 '예스'로 바꾸는 교묘한 수법이다.

그럴 리 없다고 웃어넘길 일이 아니다. 멘탈세트를 수정당해서 우리들의 완고한 거절이 너무 쉽게 허물어져 버리는 경우가 많기 때문이다. 어떤 세일즈에게도 넘어가지 않는다고 호언장담하던 사람이 감쪽같이 이 수법에 넘어가는 예를 알고 있다.

그것은 청소기 세일즈였는데, 문밖에서 내쫓으려고 할 때, 세일즈맨은 '머리카락은 청소기로도 어떻게 할 수 없지 않습니까.', '선반 밑의 틈새 청소에 고생하시지 않습니까.'라고 말했다고 한다. 이 질문에 '예 맞아요.', '그렇습니다.'라고 대답하는 사이에 경계심이 풀어지고 집 안까지 들어와서 시범을 보이는 결과를 초래해서 고가의 외국제 청소기를 산 적이 있다고 한다.

무의식적으로 '예스'라고 대답하는 사이에 멘탈세트가 '예스'로 변환되어 버린 좋은 예라 할 수 있다.

특히 여성은 이러한 설득법에 약하기 때문에 주의를 해야 한다.

🤝 세일즈나 권유를 완고하게 거부할 때, 우리들은 '노'의 멘탈세트 상태에 있기 때문에 저절로 어색한 표정이나 자세를 취하고 있는 경우가 많다. 하지만 상대방이 이쪽의 '노'의 표정을 파악하고 머리를 써서 '예스'라고 대답할 수밖에 없는 질문을 반복해서 하는 것이야말로 '노'의 멘탈세트를 '예스'로 바꾸는 교묘한 수법이다.

16
논쟁 상대를
침묵하게 만들고 싶을 때

교사가 학생을 때리면 신문이나 TV 등의 언론매체는 시시비비를 논하기 전에 그 교사를 '폭력교사'라고 단정 짓는 경우가 종종 있다. 요즘처럼 학교폭력이 다반사가 되면 평소에는 친절하고 학생들에게 인기가 있는 교사가 어쩌다가 학생에게 손을 대더라도 '폭력교사'라고 불리고 만다. 더욱이 매스컴에 의해 일단 '폭력교사'라는 낙인이 붙여지면 세상은 그 교사가 매일 폭력을 휘두르고 있는 것처럼 간주하는 경향이 있다.

이처럼 우리들은 사람을 평가할 때, 제일 먼저 제삼자가 붙인 낙인에 의해 그 사람의 이미지를 고정화시킨다. 이것을 심리학적으로는 '라벨링 효과'라고 부른다. 당연히 악인으로 찍힌 측에서 보면 그 심리적 데미지는 클 수밖에 없다. 그래서 논쟁 상대를 침묵하게 만들고 싶을 때에는 이 라벨링 효과의 심리 메커니즘을 반대로 이용해서 상대에게 낙인을 붙임으로써 심리적 데미지를 가하는 방법이 자주 이용된다.

예를 들어 제2차 세계대전 중에는 논쟁 상대의 말꼬리를 잡고서 '공산당'이라고 단정 지으면 대부분의 상대는 침묵하게 되었다. 전후 한참 동안은 180도 회전해서 낙인을 찍는 상용구는 '빨갱이'로 바뀌었지만, 어느 쪽도 상대에게 심리적 데미지를 줘서 침묵을 강요하는 효과라는 점에는 변함이 없다. 물론 이러한 라벨링 효과의 악용은 그다지 권장할 수 없지만, 이 원리의 응용은 설득의 기술로써 큰 효과가 있다.

세상에는 성격적으로 완고하고 사람의 말에 좀처럼 귀를 기울이지 않는 사람도 적지 않다. 이런 사람을 설득하려고 할 때, 정면에서 공격하면 그다지 효과가 없다. 설득하려고 할수록 오히려 더 완고해질 뿐이다.

이럴 때, 무리한 정면 돌파는 피하고 '어차피 당신은 잘 모르겠지만.'이라거나 '어차피 안 된다는 말을 들을 게 뻔하기 때문에 말씀드리지 않겠습니다.' 등의 암시적인 말을 해보는 것이다. 즉 상대에게 '설득불가능'이라는 낙인을 붙이는 것이다. 사람은 낙인이 찍히면 반사적으로 그것을 떼어내려고 하는 심리적 메커니즘이 작동한다. '완고하다.', '아무것도 모른다.'고 자신을 단정하면 '그렇지 않다.'고 반발하고 싶어지는 것이 인지상정이다. 또한 그렇게 되면 자신이 절대 완고하지 않으며, 잘 알고 있다는 것을 증명하기 위해 상대의 이야기에 귀를 기울이는 자세를 취할 수밖에 없다.

두말할 필요도 없이 설득의 제일보는 이쪽의 말에 귀를 기울이게 하는 자세를 취하게 만드는 것이다. 그를 위해 경우에 따라서는 상대의 반발심을 반대로 이용해서 그 마음속으로 들어가는 테크닉도 필요하다는 것이다.

🤝 논쟁 상대를 침묵하게 만들고 싶을 때에는 상대에게 낙인을 붙임으로써 심리적 데미지를 가하는 방법이 있다.

설득을 위한 명언

♣ 바보에게 가장 좋은 대답은 침묵이다. 〈톨스토이〉

♣ 만나고, 알게 되고, 사랑하고 그리고 헤어지는 것이 모든 인간의 슬픈 이야기이다. 〈콜릿지〉

♣ 최초로 미인을 꽃에 비유한 사람은 천재지만, 두 번째로 똑같은 말을 한 사람은 바보다. 〈볼테르〉

♣ 거절하는 데 많은 말을 허비할 필요는 없다. 상대는 단지 '싫다.'는 한마디만 들으면 족하기 때문이다. 〈괴테〉

♣ 세계의 달변가는 모두가 엄숙한 인물이었다. 〈에머슨〉

♣ 말은 인류가 이용한 가장 효과적인 약이다. 〈키플링〉

♣ 화가 나면 열까지 헤아려라. 몹시 화가 난다면 백까지 헤아려라. 〈제퍼슨〉

♣ 인간을 알기에는 단지 자신을 연구하면 된다. 〈듀크〉

♣ 험담을 듣고서 금방 마음이 동요되는 사람은 대하(大河)가 아닌 단지 물웅덩이에 지나지 않는다. 〈사디〉

♣ 아마도 인간만큼 비사교적이면서 사교적인 생물은 없다. 〈보들레르〉

♣ 인생은 학교이다. 그곳에는 행복보다 불행이 보다 좋은 선생이다. 〈프리체〉

♣ 선에는 언제나 악이 섞여 있다. 극단적인 선은 악이 된다. 극단적인 악은 선도 되지 못한다. 〈비니〉

chapter 4
'본심을 꿰뚫어보는' 설득심리술

아이나 어른도 '할 수 있다, 반드시 할 수 있다.' 고 계속해서 그런 말을 들으면 그것이 플러스 자기암시가 되어서 생각지도 못한 능력을 발휘하는 경우가 종종 있다. 이것이 자신감으로 이어지고 커다란 성공을 가져다준다 그런데 반대로 '실패할 거야', '어차피 안 될 건데.' 라는 말만 계속해서 들으면 정말로 실패하고 자신감 상실, 자기혐오의 악순환에 빠지게 된다.

01
선입관의 전달

　당신은 이런 일을 경험한 적이 없는가. 택시기사가 야구중계를 들으면서 "오늘 저 팀은 실수만 하는군. 불펜투수가 하나도 남지 않았군요." 하며 말을 걸어왔다.

　손님의 입장에서는 이 말만으로는 적당한 맞장구를 칠 수가 없다. 그가 기뻐하는 건지 기분 나빠하는 건지 모르기 때문이다. 자신이 그 팀을 싫어한다면 자신도 모르게 "그렇습니까. 잘됐군요."라고 말할 수 있겠지만, 택시기사가 그 팀의 팬이라면 그를 화나게 할 것이 뻔하기 때문이다.

　사람은 누구라도 말하는 사람이 어떤 기분으로 말하고 있는가를 염두에 두고 있기 마련이다. 그 심리를 이용해서 첫말에 '대단한데요.', '용서할 수 없군.', '너무 심한 말이군요.' 하고 자신의 평가를 상대의 마음에 강렬하게 인상짓고 나서 말하는 방식이 있다.

'감탄했습니다.' 하는 듯한 말을 듣게 되면, 듣는 사람의 마음은 이미 '감탄'하는 마음의 자세(멘탈세트)가 되어버린다. 이 멘탈세트를 설정하는 것에 의해 처음부터 다른 평가는 있을 수 없는 듯한 기분으로 만드는 수법이다.

이렇게 일방적인 선입관을 처음에 주입당하면 본래는 그다지 심하지 않은 이야기라도 심하게 느껴지기도 하고, 그다지 감탄할 만한 이야기가 아니더라도 감탄하게 되는 것이다. 특히 한 인물이나 일, 사건 등의 평가에 관해서 자신의 의견을 확실히 가지고 있지 않은 경우는 이 테크닉에 속기 쉽다.

'객관보도'를 중요시하는 신문조차도 보도의 선택, 제시의 방법에서는 전달하는 측의 의사가 반영된다. 이것은 복수의 신문을 비교해서 읽어보면 일목요연해진다. 제목을 보는 것만으로 그 신문의 경향을 알 수 있는 것은 그들이 의식적이든 무의식적이든 이 테크닉을 응용하고 있기 때문이다.

다양한 찬반양론문제가 산적해 있는 현재, 신문이나 그 외의 미디어가 전달하는 정보를 무비판적으로 받아들이지 않고 정확한 시류를 파악하는 능력이 절실히 요구되고 있다. 그 비결은 많지만,

먼저 정보가 어떤 입장, 시점에서 쓰였는지를 파악하는 것이다.

달리 말하면 기사를 쓴 기자나 논자들이 어떤 선입관을 우리들에게 전달하려고 하는지를 생각하는 것이 냉정히 세상의 흐름을 파악하는 첫걸음이 되는 것이다.

> 🤝 사람은 누구라도 말하는 사람이 어떤 기분으로 말하고 있는가를 염두에 두고 있기 마련이다.

02
책임소재가 확실히 밝혀지지 않는 상태에서의 대처

프랑스에서는 '파르동(미안합니다)'이라는 말을 빈번하게 사용한다. 어깨가 조금만 닿았을 때나, 일상의 다양한 장면에서 이 말을 주고받는다. 그런데 책임문제가 발생하면 사정은 일변한다. 절대로 사과하지 않고 어디까지나 자신의 정당성을 주장하려고 하는 것이다.

예를 들어 와인을 사서 돌아가는 도중에 운이 나쁘게 사람과 부딪쳐 와인 병이 깨졌다고 하자. 우리라면 책임은 반반이라고 간주하는 것이 타당하겠지만, 부딪친 프랑스인은 깬 것은 자신이 아니라 그것을 가지고 있는 사람이라는 논법으로 잘못을 인정하려고 하지 않는다. 만약 사죄하면 보상을 요구당하는 것이 당연하기 때문이다.

프랑스인만큼 극단적이지 않더라도 상대의 불만에 대한 반응(말)에는 주의할 필요가 있다. 다음은 어느 운송관계 회사의 사고 담당자에게서 들은 말이다. 회사의 차가 아이를 치어서 상처를 입힌 경우, 비록 상대의 가족에게서 욕을 듣고서 머리는 숙이지만 처음부터 '미안하다.'고는 절대로 말하지 않는다고 한다.

전적으로 운전기사만이 나쁜 것이 아니라 아이가 갑자기 뛰어나온 일종의 불가항력적인 경우가 적지 않기도 하거니와, 가족을 만난 시점에서 사고원인이 확실히 판명되지 않은 경우도 많기 때문이다.

그래서 그들은 말을 건넬 때 말을 신중하게 가려서 사용한다. 그리고 베테랑 사고 담당자일수록 이런 경우에는 일종의 한정된 사죄의 말을 사용하는 것이다.

"말씀하시는 것은 잘 알고 있습니다. 아직 조사가 충분하지 않아서 확실히는 말씀드리지 못하겠지만 적어도 손님의 기분을 상하게 한 것만은 정말 죄송스럽게 생각합니다. 깊이 사죄드립니다."

이처럼 상대의 기분을 상하게 한 점에 대해서 먼저 사과하는 방식이다. 그러면 사람의 심리는 이상한 것이어서 정말로 중요하지 않은 한, 당사자는 당장의 분노가 진정되고 어느 정도 냉정을 되찾게 될 것이다.

> 세상에는 무조건 사죄하는 상대를 이용하려는 사람들도 있다. 그렇기 때문에 책임소재가 확실히 밝혀지지 않는 상태에서는 신중한 편이 좋다.

03
상대의 주장을
받아들이는 것 같은 태도

자기주장에 집착해서 양보하지 않는 상대에게는 '밀어도 안 되면 당겨보라.'를 실천해 보는 것도 한 가지 방법이 아닐까.

어느 대기업의 부장에게서 들은 이야기이다. 그의 부서에서 개발한 신제품에 대해 그것이 도시형인지 지방형인지라는 것으로 직원들의 의견이 대립해서 팽팽한 논쟁을 벌였다. 부하직원들의 논쟁을 보고 있던 그는 휴회를 선언했는데, 회의가 개시된 후, 지방형을 주장하는 한 사람이 다음과 같은 발언을 했다.

"그럴까요. 저는 완전히 지방형이라고 생각했는데, 그런 말을 들으니 도시형 같다는 생각도 듭니다. 첫 번째 저는 도시에서 자라서 지방에 대해서는 잘 모른다고 할 수 있지만, 역시 도시형인 것 같습니다."

그러자 지금까지 맹렬히 물고 늘어졌던 반대파들도 갑자기 조용해지고 한참 동안 소곤소곤 귓속말이 계속된 후, 반대파의 선봉에 섰던 남자가 "그건 우리들도 도시에서 자랐기 때문에 지방에 대해서는 잘 모릅니다. 그렇게 분명히 지방형이 아니라고 말할 수는 없지만, 굳이 어느 쪽인지 말을 하자면 도시형 같다는 생각이 들기도 합니다."라고 유연해졌다.

물론 그 후 토론은 계속됐지만 결론은 지방형으로 났다. 더욱이 대립하고 있던 쌍방에게 마음의 응어리를 남기지 않고 결착을 봤다고 한다.

바로 '밀어서 안 되면 당겨보라.'의 전형이다. 자기주장을 일단 거둬들이고, 절충의 자세를 표하는 것으로 처음에는 강경한 태도를 풀지 않았던 상대에게서 결국 찬성을 이끌어낸 것이다.

회사 등에서 누군가의 제안에 이견을 주장하는 사람 중에는 논리적인 근거 없이, 반대를 위한 반대라는 심술에서부터 그날의 기분에 따라서 반대하는 이해하기 어려운 행동까지 반대의 이유는 다양하다. 이런 상대는 논외로 치더라도 논의라는 것은 대립하면 할수록 반대의견이라는 것은 자기주장에 무장을 굳게 하고 점점 더 강한 반대의 의견을 내세우게 한다.

따라서 이러한 상대를 설득하려고 한다면 앞의 예처럼 일단 자신의 의견을 거둬들이고 나아가서 상대의 주장을 받아들이는 것 같은 태도를 취하면 좋다. 반대를 위한 반대를 하고 있는 것 같은 상대라면 공격목표를 잃어버리고, 치켜든 주먹을 내릴 때를 놓치게 될 것이다. 그러면 상대가 다시 한 번 자기주장에 대해 되돌아보는 계기가 되면 그것만으로도 커다란 진전을 가져올 것이다.

> 대립하면 할수록 반대의견이라는 것은 자기주장에 무장을 굳게 하고 점점 더 강한 반대의 의견을 내세우게 한다. 따라서 이러한 상대를 설득하려고 한다면 일단 자신의 의견을 거둬들이고 나아가서 상대의 주장을 받아들이는 것 같은 태도를 취하면 좋다.

04
'일치된' 의견의 근본 공격

 지인인 대학교수가 '적이지만 훌륭하다.'고 전제한 뒤에 해준 이야기가 있다. 그가 근무하는 대학 학장의 에피소드이다. 어느 해 그의 대학에서는 많은 문제가 발생해서 교수들이 회의를 통해 학장에게 의견서를 제출했다.
 "교수회의의 전체 의견입니다." 하며 학장실에 의견서를 제출하자 학장은 방문한 교수들을 보며 이렇게 말했다고 한다.
 "의견이 분분했던 것 같습니다. 만약을 위해 한 분씩 의견을 말해 주십시오." 하고 말하고는 한 명씩 지명해서 의견을 말하게 했다. 각자가 말할 때 다른 사람의 존재 등은 개의치 않고 설전을 벌

였으나 모든 사람의 의견을 다 듣자, 학장은 물론이고 각 교수들 사이에서도 상당한 의견의 차이가 있는 것이 명백히 드러났다.

그러자 학장은 "역시 여러분의 합의라는 것에는 의견의 차이가 있는 것 같습니다. 이대로라면 나로서는 의견서에 대한 대답을 드릴 수 없기 때문에 좀 더 잘 생각한 다음에 다시 와주십시오." 하고 의견서를 되돌려주었다. 교수들도 의견서를 다시 받을 수밖에 없었다.

우리들은 보통 전체 의견이라든가 합의라는 말을 들으면 반론을 할 수 없게 된다. 많은 사람들의 일치된 결론이라고 주장하면 결론의 시시비비를 문제 삼아서 번복하기에는 어렵다. 어떤 결론이라도 대다수의 사람이 그것을 지지하고 있는 경우라면 그것이 바른 것이 된다.

따라서 집단의 합의된 요구를 무너뜨리기 위해서는 그 요구의 내용을 운운하는 것이 아니라 그 요구의 토대인 '일치된' 의견의 근본을 공격하는 것이다. 총의나 합의라고 하지만 정말로 일치한 것인지 어떤지에 대한 점을 다시 한 번 문제시해보는 것이다. 상대는 이 점을 최대의 근거로 하고 있기 때문에 이 점에 관해서는 아무런 의심을 하지 않을 거라고 생각하고 있지만 그 점에 대해 문제를 제기하면 당황해할 수밖에 없다. 실제로 그 자리에서 멤버 한 사람 한 사람의 의견을 물어보면 의견의 차이가 있는 경우가 많다. 그래서 합의나 총의라고는 말하고 있지만 이렇게 의견의 차이가 있지 않는가 하고 되물으면 그들의 요구의 근거인 '일치된'이라는 요구는 정당성을 상실하게 되는 것이다.

손자병법에서 '자신들은 뭉치고 적은 열로 분열시켜 그 한 곳을 집중 공략한다.'라는 말처럼 집단을 공략할 때 한 곳을 집중공략하고 분열시키는 작전만큼이나 효과적인 것은 없는 것이다.

> 집단의 합의된 요구를 무너뜨리기 위해서는 그 요구의 내용을 운운하는 것이 아니라 그 요구의 토대인 '일치된' 의견의 근본을 공격하는 것이다.

05
초점이 되고 있는 문제를
지나칠 만큼 과장

어느 유제품 기업에 취직한 제자가 재미있는 에피소드를 들려주었다. 어느 날 그의 회사에서 제조하고 있는 분말우유에 살아 있는 파리가 혼입되어 있다고 한 소비자가 분노해서 찾아왔다고 한다.

그의 설명에 따르면 분말우유 같은 위생관리가 중요한 상품은 산화 등을 방지하기 위해 속의 공기를 빼고 질소를 넣은 다음 밀봉하기 때문에 파리가 들어 있다는 것은 절대 있을 수 없는 일이라고 한다. 잘못은 소비자에게 있는 것이 확실하기 때문에 대응에 나선 상사는 당연히 그 점을 강조하고 상대를 설득할 거라고 제자는 밑고 있었다. 그런데 상사의 말은 제자의 예상을 뒤엎고 말았다.

감정적이 된 소비자의 이야기를 가만히 듣고 있던 상사가 제일 먼저 꺼낸 말은 "그렇습니까. 그거 참 황당한 일이군요. 만약 본사의 실수로 파리가 들어 있었다고 한다면 이것은 중대한 문제로 공장의 모든 기계를 멈추고 제조공정 전체에 대한 총 점검을 하지 않으면 안 되겠습니다." 하고 심각한 표정으로 말했다. 제자는 조업을 멈추는 것이 과연 가능한 일인지 불안해졌지만, 이어서 말하는 내용을 듣고서야 상사의 의도를 알게 되었다.

"당사의 분말우유는 공기를 빼고 질소를 넣은 캔에 밀봉하고 있기 때문에 파리가 그것도 살아 있는 파리가 그대로 들어 있을리는 절대로 없다고 저는 확신하고 있습니다. 먼저 엄중하게 조사해봐야겠습니다. 손님이 개봉했을 때의 상황, 개봉 후의 보관상태 등 가능한 한 상세하게 들려주시겠습니까?"

상사에게서 이런 말을 들은 상대는 설마 자신이 가져온 불만이 그렇게까지 중대한 것이라고는 생각하지 않았던 것 같아서 놀란 표정을 지었다. 그리고 무언가 보관상의 잘못에 대해 생각이 미쳤는지 "아니오. 앞으로 이런 일이 없도록 충분히 주의해 주면 됩니다."는 말을 남기고 황급히 돌아갔다고 한다.

보통은 자신에게 들어온 불만에 대해서 자신에게 충분히 대응할 이유가 있으면 그것을 전면에 내세워서 상대의 잘못을 폭로하고 싶어지기 마련이다.

하지만 이런 방법은 상대의 감정을 거슬려서 역효과만 내기 쉽기 때문에 효과적이라고 할 수 없다. 이런 경우에서는 초점이 되고 있는 문제를 지나칠 만큼 과장하거나 중대시하면 상대는 '사건'의 중대사에 놀라 불만의 창끝도 둔해진다. 그때를 놓치지 말고 설득을 시작하면 상대도 자신의 잘못에 대해 솔직하게 인정하는 자세가 된다.

> 자신에게 들어온 불만에 대해서 자신에게 충분히 대응할 이유가 있으면 그것을 전면에 내세워서 상대의 잘못을 폭로하고 싶어지기 마련이다. 이런 경우에서는 초점이 되고 있는 문제를 지나칠 만큼 과장하거나 중대시하면 상대는 '사건'의 중대사에 놀라 불만의 창끝도 둔해진다.

06
감정이 폭발할 때의 적나라한 모습

필자는 일찍이 한 TV 프로가 정치가 백 명을 모아서 그 의식과 의견을 명백히 들어보는 특이한 시도에 협력한 적이 있다. 이 프로는 한 사람 한 사람의 의원에게 솔직한 질문을 쏟아낸다. 질문의 내용은 노골적인 것으로 의원들은 칸막이가 쳐져 옆이 보이지 않고, 계단식의 좌석에 앉아서 질문에 대답한다.

그들은 처음에는 의원답게 침착함을 잃지 않고 대답을 하지만 사회자의 빠른 템포의 노골적인 질문에 횡설수설하는 의원들이 나타나기 시작했다. 이것을 무시하고 한층 노골적인 질문을 던지자 그만 화를 내기 시작한 의원이 있었다. "장난하는 거야, 이런 프로에선 제대로 대답할 수 없다. 그런 질문에는 대답할 수 없다."라고 화를 내며 자리를 떠나는 의원이 있었다. 카메라는 그 의원이 화를 내며 스테이지를 나가는 모습을 계속 추적했다.

해프닝으로 간주한 시청자도 있을지 모르지만 사실 이것은 우리들이 꾸민 함정에 감쪽같이 상대가 넘어간 결과였다.

정치가는 보통 국회나 기자회견 석상에서 준비된 공식견해만을 반복한다. 이 의원들의 좀 더 인간적인 생생한 모습을 이끌어 내고 싶다, 평소에 들은 적이 없는 정치가의 본심을 들어내 보이고 싶다, 이것이 우리들의 목적이었다. 하지만 노련한 그들을 상대로 보통의 방법으로는 목적을 달성할 수가 없을 것이다. 그래서 언제나 점잖게 대접받고 있는 그들에게 화가 날 수밖에 없는 질문들을 던진 것이다.

결과는 앞에서 말한 것처럼 우리들의 작전은 적중해서 국회에서는 능글맞고 적당히 회답을 하던 의원들이 자신의 사정에 궁한 질문이 연속되자 결국에는 감정을 그대로 드러내면서 자리를 떠나버렸던 것이다.

CIA 등의 입이 무거운 정보기관에 종사하는 사람의 본심을 이끌어내기로 유명한 한 저널리스트의 취재비결도 상대를 화나게 하는 것이라고 한다.

사람은 일단 감정이 폭발하면 마음에 깃들어 있던 두꺼운 갑옷을 벗어던진다. 그리고 그 사람의 적나라한 모습이 드러난다. 항상 잘난 체하며 상대의 말을 흘려듣는 상대에게는 조금 거칠게 대하더라도 본심을 끌어내게 만드는 것이 좋다. 이것으로 허심탄회한 이야기를 나눌 수 있다면 서로에게 플러스가 되는 것은 물론이고 설득하기도 쉬워질 것이다. 설득은 상대의 본심을 안 순간에 이미 절반은 성공한 것이나 다름없다.

> 사람은 일단 감정이 폭발하면 마음에 깃들어 있던 두꺼운 갑옷을 벗어던진다. 그리고 그 사람의 적나라한 모습이 드러나기 마련이다.

07
여운을 남기고 기회를 다음으로

장애아동의 교육에서 세계적으로 유명한 미국의 도만 박사가 개발한 도만법이라는 문자교육법이 있다. 개요를 설명하면 유아에게 '마미', '대디'라는 단어를 빨간색으로 크게 써서 힐끗 보여준다. 절대 10초 이상은 보이지 않는다. 그러면 아이는 무엇인가 흥미를 느낀다. 그리고 다시 보여준다. 이렇게 해서 점점 문자를 작게 해서 문자를 검게 해간다. 물론 제시하는 문자의 범위도 친근한 것부터 점차로 먼 것으로 넓혀간다.

이런 작업을 반복하는 사이에 아이들은 자신도 모르는 사이에 문자를 기억해 간다는 것이다.

어느 손해보험의 베테랑 세일즈맨은 이와 같은 심리작전을 써서 발군의 실적을 올리고 있다. 단체보험을 가입시킬 때에는 회사 간부를 설득해서 보험가입의 승낙을 받을 필요가 있지만 대부분의 회사 간부는 바빠서 오랫동안 이야기를 나눌 시간이 없다. 이럴 때 '실적이 나쁜 세일즈맨'은 면회시간을 얻으면 이번이 마지막 기회라는 초조함 때문에 끈질기게 물고 늘어지면서 약속시간이 지나든지, 다른 손님이 오든지 개의치 않고 시간을 뺏는다. 상대는 소개해준 사람의 얼굴을 봐서, 열심인 모습에 시간을 한번 내서 상대해 주는 것에 지나지 않은 것인데 이런 상대의 사정은 무시하고 너무 많은 시간을 빼앗아 버린 것이다. 이래서는 역효과로 폐만 끼치는 사람이라는 인상만 줄 뿐이다.

그런데 베테랑 세일즈맨은 한 번에 시간을 오래 빼앗지 않으면서 조금씩 다가가 상대의 기분을 읽고서 깨끗하게 물러난다. '빨리 끝내주면 좋은데.' 하고 생각하고 있는 상대의 기선을 제압해서 "그럼 다시 찾아뵙겠습니다." 하며 일어선다. 이것을 반복하면 이윽고 얼굴을 익히고 상대는 "열성적이군. 또 왔군." 하고 느끼게 된다.

흔히 여자들에게 인기 있는 것은 성실하고 부지런한 남자라고 한다. 같은 말이라도 상대의 상황을 무시하고 무리하게 장시간 이야기를 해도 여자는 감동하지 않는다. 몇 번에 걸쳐서 꾸준히 대쉬해 오는 남자에게 좋은 감정을 느끼기 때문이다.

첫 대면하는 상대나 바쁜 사람, 시간이 없는 사람을 설득하는 경우, 첫 대면이기 때문에 또 상대가 붙잡으려 하기 때문에, 이것이 마지막 기회라는 심리적 착각에 빠져서 열성이 오히려 상대로부터 경원받는 원인이 되고 만다. 열심이라고 말하면 듣기에는 좋지만 이런 행동은 상대의 기분을 전혀 고려하지 않는 혼자만의 아집에 지나지 않는다.

진정으로 상대에게 이해받기를 원한다면 시간을 허비하지 말고, 다음에도 면담할 수 있는 방법을 생각하면 된다. 가장 좋은 방법은 깨끗이 물러서서 여운을 남기고 기회를 다음으로 넘기는 방법이다.

> 첫 대면하는 상대나 바쁜 사람, 시간이 없는 사람을 설득하는 경우, 진정으로 상대에게 이해받기를 원한다면 시간을 허비하지 말고, 깨끗이 물러서서 여운을 남겨 다음 기회를 노려야 한다.

08
직면한 논의 속에서의 일치점

미국에서 온 여자유학생과 이야기를 나누고 있을 때의 일이다. 그녀가 우리나라 사람을 접하고 느낀 첫인상이라는 것이 대단히 흥미로웠다. 그녀의 말은 우리나라의 회사는 형식을 중시하는 회사라고 듣고 있었기 때문에 딱딱하며 형식적이라고 생각하고 있었다고 한다. 그런데 실제로 이야기해 보니 "당신도 비틀즈를 좋아해요? 저도 좋아해요." 또는 "당신이 심리학을 전공한 것은 역시 자신의 마음에 흥미가 있기 때문이죠? 사실은 저도 그래요." 이처럼 금방 마음을 열고 허심탄회해질 수 있었다고 한다.

그때 필자는 그것은 우리나라 사람에게만 제한된 것이 아니라 호감이 가는 상대와는 서로 일치하는 점을 발견하고 그 일치점을 중심으로 관계를 이어가려고 하는 것이 인간의 일반적인 심리라고 설명했다.

이것은 자기주장을 양보하려고 하지 않는 완고한 사람이라도 서로의 일치점만 발견하면 어떻게든 타협점을 발견해서 합의에 이를 수가 있다는 말이다. 출신지나 흥미나 남자이거나 여자이거나 샐러리맨이라는 동료의식이라도 좋다. 무엇이든 일치점을 발견하고 화제로 올리면 그것을 계기로 해서 어울림의 관계를 만드는 것은 불가능한 것이 아니다. 그리고 그러한 관계형성이 진전이 없는 협의의 돌파구가 되는 경우가 왕왕 있는 것이다.

그중에서 가장 효과적인 것은 역시 직면한 논의 속에서 일치점을 발견하는 것일 것이다. 큰 틀에서는 자신의 의견과 차이가 있다고 해도 진지하게 상대의 말에 귀를 기울이고, 세심한 것이라도 자신의 의견과 일치하는 곳이 나오면 "제 말이 바로 그 말입니다!" 하고 상대에게 말한다. 또는 이쪽에서 작은 일치점을 반복해서 말을 한다. 이렇게 해서 상대가 그 일치점을 의식하고 대립점만 있지 않다는 걸 깨닫게 되면 좀 더 유연하게 생각해 보려고 하는 기분이 드는 것이다.

그래도 마음을 열지 않는 완고한 상대에게는 이렇게 말해 보면 된다.

"당신은 마치 두 사람의 의견이 열이면 열, 다 다른 것같이 말씀하시지만 적어도 상호 간에 이 문제를 잘 해결하려고 하는 생각만큼은 일치하고 있지 않습니까. 처음부터 안 된다, 다르다고 하지 말고 서로 한 발 더 다가서서 일치점을 찾아보지 않겠습니까."

이것은 얼핏 변명으로 들릴지 모르지만 부정할 수 없는 사실인 것이다. 이것으로 대립을 위한 대립이 아니라는 것을 상대가 인식하게 되면 서로 간에 플러스 기분으로 소위 '전우'와 같은 친근감조차 품으면서 재차 문제해결에 임할 수가 있을 것이다. 그러면 상대의 견고한 마음의 문도 점차로 열리게 될 것이다.

🤝 무엇이든 일치점을 발견하고 화제로 올리면 그것을 계기로 해서 어울림의 관계를 만드는 것은 불가능한 것이 아니다. 그중에서 가장 효과적인 것은 역시 직면한 논의 속에서 일치점을 발견하는 것이다.

09 두터운 방어벽

어느 신문에 유명인의 '우리 집 교육법'이라는 내용의 연재기사가 실렸다. 필자도 매회 읽었는데, 어느 부모든 자식 때문에 애를 태우고, 많은 노력을 하고 있는 것 같아서 재미있었다. 그중에 한 유명인의 기사는 대단히 흥미진진하게 읽었다.

어느 날, 유명인의 자식이 학교에서 선생님에게 심하게 혼이 난 후 "죽이고 싶을 정도로 미운 선생이다."고 말했다. 그 말을 들은 유명인은 "그 정도로 미우면 상관하지 말고 죽이면 어떠냐."고 말했다고 한다. 그리고 이렇게 덧붙였다고 한다. "그 대신에 사람을 죽이면 죽인 사람도 죽어야만 한다. 그러니까 멋지게 죽어보라."고 했다. 이 말을 들은 아이는 선생님을 미워하는 것을 그만두었다고 한다.

필자도 이런 경우를 자주 보게 된다. 예를 들어 학대하는 남편을 둔 아내가 이혼상담을 하러 왔을 때, "헤어지지 않는 편이 좋다.", "죽을 마음이면 못 할 일이 없다."라는 말을 듣기를 기대하고 있을 것이다. 그리고 그런 말을 들으면 자신의 남편이 얼마나 나쁜 사람인지를 속속들이 말하려고 생각할 것이다. 그런데 그때, 예상외로 "정말로 남편은 나쁜 사람이군요. 그런 남편과는 하루빨리 헤어지세요." 하고 쉽게 그녀의 주장을 인정하면 당초의 기대에 대한 욕구는 사라진다. 그뿐 아니라 "그렇게까지 나쁘지는 않은데……." 하고 반론을 제기하는 경우도 있다.

이런 인간심리를 헤아리면 어떤 일을 한쪽으로만 고집하고 한 가지 행동에 집착해서 완고해진 사람은 주위의 합의에 반한 행동을 하려고 한다. 자신의 의사가 주위의 인간이나 세상의 상식에 반한다고 생각할수록 그 사람은 두터운 방어벽을 쌓기 때문에 설득하기가 곤란해진다.

예를 들어 결혼을 승낙하지 않는다면 도망가서 살겠다고 부모를 위협하는 커플은 자신의 행동이 주위로부터 받아들여지지 않을 리 없다고 생각할수록 점점 더 마음을 닫아버리는 것이다. 이때 그들의 예상을 깨고 "알았다. 둘이 도망가서 살아라." 하고 독

촉한다면 어떻게 될까. 아마도 그들은 자신의 예상이 완전히 빗나감으로써 심리적인 허탈감을 맛보고, 자신들의 결단을 다시 생각해 보게 될 것이다.

이와 마찬가지로 카운슬링 장면에서도 '죽고 싶다.'라는 사람에게 '그렇군요. 그렇게 죽고 싶다면 어쩔 수 없군. 함께 죽을 방법을 찾아봅시다.'라고 말해줄 때가 있다. 그러면 상대는 이내 냉정을 되찾고 충동적으로 '죽고 싶다.'라고 한 자신의 경솔함과 어리석음을 깨닫게 되는 것이다.

> 한쪽으로만 고집하고 한 가지 행동에 집착해서 완고해진 사람은 주위의 합의에 반한 행동을 하려고 한다. 자신의 의사가 주위의 인간이나 세상의 상식에 반한다고 생각할수록 그 사람은 두터운 빙어벽을 쌓기 때문에 설득하기가 곤란하다.

10
'할 수 있다.'는 플러스 자기암시

"우리 아이는 성적이 안 좋아서요." 하고 한숨짓는 어머니에게 필자는 "아이의 능력은 헤아릴 수 없는 것이니, 성적이 안 좋다고 해서 혼을 내지 않도록 하십시오."라는 조언을 하면서 내 체험담을 말해 주고 있다.

필자는 초등학교 시절, 성적이 엉망인 성적표를 받고 주눅이 들어서 집으로 돌아왔다.

그것을 어머니에게 보이자 어머니는 항상 "너의 진짜 실력은 이 정도가 아니다. 너한테는 잠자고 있는 능력이 있다. 그것을 이끌어내면 성적은 금세 좋아질 뿐 아니라 장래에 반드시 훌륭한 사람이 될 것이다."라고 말씀해 주셨다.

　같은 말을 몇 번이고 되풀이해서 듣는 사이에 신기하게도 자신감 같은 것이 생겨났다. 어려운 문제에 부딪쳐도 '반드시 풀 수 있다.'고 생각하고 포기하지 않았다. 끈질기게 물고 늘어져서 결국에 풀어내면 '역시 어머니가 말씀하신 대로 나에게는 실력이 있다.'고 믿게 되었다. 이것이 진정한 자신감으로 이어졌고 어느새 성적도 상위에 들게 되었다.

　아이나 어른도 '할 수 있다, 반드시 할 수 있다.'고 계속해서 그런 말을 들으면 그것이 플러스 자기암시가 되어서 생각지도 못한 능력을 발휘하는 경우가 종종 있다. 이것이 자신감으로 이어지고 커다란 성공을 가져다준다.

　그런데 반대로 '실패할 거야', '어차피 안 될 건데.'라는 말만 계속해서 들으면 정말로 실패하고 자신감 상실, 자기혐오의 악순환에 빠지게 된다.

　예를 들어 종종 부하에게 일을 시킬 때, "자네한테는 과한 일인지 모르지만, 힘내서 해보게."라는 말을 반드시 덧붙이는 상사가 있다.

　이 한마디로 부하의 의욕을 높이려고 하는 생각인지 모르겠지만, 그대로라면 가능한 일도 불가능해질 것이다.

　비록 가능한 일이라 해도 자신은 해낼 수 없을 것이다. 꼭 실패할 것이라고 자신의 능력을 과소평가하기 때문이다.

나약한 사람, 자신감이 없는 사람의 자신감을 회복시켜서 의욕을 높이기 위해서는 '꼭 할 수 있을 거야.'라고 격려하는 것이 필요하다.

반복된 플러스 암시가 상대의 잠재능력을 이끌어내서 이쪽이 예상하지도 못한 큰 가능성이 되어서 나타나는 일도 적지 않기 때문이다.

> 아이나 어른도 '할 수 있다, 반드시 할 수 있다.'고 계속해서 그런 말을 들으면 그것이 플러스 자기암시가 되어서 생각지도 못한 능력을 발휘하고 이것이 자신감으로 이어져 커다란 성공을 가져다준다.

11
상대를 움직이게 하는 비결

　필자가 학창시절, 가을에 후지 산에 올랐을 때의 일이다.

　후지 산뿐 아니라 어떤 산이라도 7~8부 능선이 고비이다. 특히 초심자는 이 부근에서 포기하는 경우가 많다. 당시에도 역시 8부 능선부근에서 포기하는 분위기가 나타나기 시작했다. 리더가 "얼마 남지 않았다. 힘내라."고 녹초가 된 멤버들을 격려했지만 좀처럼 효과가 나타나지 않았다. 누구나 정상은 포기할 수밖에 없다고 생각하기 시작했을 때, 정상에 오르고 하산하고 있던 등산객의 한마디가 우리를 위기에서 구해 주었다.

　"정상의 멋진 풍경은 말로는 표현할 수 없을 정도입니다. 20분만 힘을 내서 오르면 지금껏 보지 못했던 정상의 장관을 볼 수가 있습니다."

이 말을 듣고 멤버들은 용기충천해서 전원이 정상에 오를 수가 있었다. 등산 경험이 없는 사람은 산을 오르는 사람에게 "그렇게 힘든 고생을 하면서 뭐가 그렇게 재미있느냐."고 고개를 갸우뚱 거린다. 하지만 등산경험이 많은 사람이 등산을 고통으로 생각하지 않는 것은 물론 훈련과 체력을 충분히 갖춘 다음의 일이라고는 하지만, 정상을 정복했을 때의 감격을 누구보다도 잘 알고 있기 때문일 것이다.

이런 등산에 있어서의 심리는 제삼자를 설득할 때에도 충분히 응용할 수가 있다. 미국의 유명한 세일즈 컨설턴트로 알려진 엘마 호이는 고객의 욕망을 환기시키는 설득법에 대해서 다음과 같은 예를 들고 있다.

전철 문에 사람이 서서 오르고 내리는데 방해를 줄 때, '안으로 들어가 주십시오.' 하고 계속해서 부탁을 해도 거의 효과가 없다. 이것을 '안쪽에 빈자리가 있습니다.'라고 바꿔 말하면 대부분의 사람은 안으로 이동을 한다는 것이다. 엘마 호이는 이 예에서 비록 귀찮은 일이라도 그것이 어떤 메리트를 가지고 있는지를 알게 되면 사람은 결코 불만을 말하지 않는다고 말하고 있는 것이다.

사람을 움직이게 하기 위해서는 그 움직임이 구체적인 보수로 연결된다는 것을 선명하게 이미지시키는 말로 설득하는 것이 포인트이다. '그 일을 빨리 끝내라.'는 말만으로는 그 말을 듣는 사람은 강요한다는 인상밖에 받지 않을 것이다. 그렇지만 '빨리 끝내면 다음 일에 여유를 가질 수 있다.', 또는 '납기일을 지키면 향후의 교섭이 쉬워진다.'라는 식으로 일의 성과를 구체적으로 이미지 시키는 말을 하면 상대의 의욕을 배가시킬 수가 있다. 사람에게 '덕'을 일깨우는 것도 "덕은 결국 득이 된다."는 것을 말해 주면 설교라고는 생각하지 않게 되는 것이다.

비록 귀찮은 일이라도 그것이 어떤 메리트를 가지고 있는지를 알게 되면 사람은 결코 불만을 말하지 않는다

12
우유부단의 심리적 압박감

약 10년 전, 한 전자상가에 미국에 사는 지인을 안내했을 때의 일이다. 벼르고 벼르던 오디오 세트를 사고 싶다는 지인은 미리 정해 놓은 기종을 예산의 한도 내에서 팔고 있는 상점을 발견했지만, 다른 눈길을 끄는 기종을 전시해 놓은 상점도 많아 쉽게 결정을 내리지 못하고 있었다.

그리하여 그를 보다 못한 필자는 "망설이고 있는 것 같은데, 값싼 물건도 아니니까 다른 상점도 둘러보고 신중하게 고르는 게 어떨까." 하고 말을 걸었다.

그러자 그는 다른 두세 곳의 상점도 둘러보았지만 결국 처음의 상점으로 돌아와서는 이번에는 조금도 망설이지 않고 그 오디오 세트를 구입했다. 나중에 들은 말에 의하면 처음부터 정한 기종인 만큼 성능에 대단히 만족했다고 한다. 막상 상점에 가자 망설였지만 섣불리 다른 기종으로 바꾸지 않아서 다행이었다는 말도 덧붙였다.

만약 그곳에서 "절대로 후회하지 않을 테니까 그걸로 사라."고 말을 건넸다면 그는 오히려 사는 것을 포기했을지도 모른다. 물건을 사는 경우뿐만 아니라 선택에 고심하고 있는 사람에게는, 특히 결단을 재촉하는 말을 하기 쉽다. 하지만 때때로 이것이 상대에게 심리적 부담을 가중시키는 경우가 있다. 무리하게 상대를 압박하면 좋을 것은 하나도 없다.

인간의 심리라는 것은 이상하게도 결단을 강요하면 다른 좋은 선택지가 있지 않을까 고민하는 경향이 있다.

그리고 반대로 '천천히 생각하면 된다.'라는 말을 들으면 지금 결정하려고 하는 선택지로 충분한 것처럼 생각되어지는 것이다.

'바쁠수록 돌아가라.'는 말도 있듯이 이렇게 해서 결단의 제한시간까지 '집행유예'를 부여하는 것으로 상대 마음의 긴장도 완화된다. 느긋한 기분이 되면 선택지의 폭을 넓혀서 새로운 고민에 빠지는 일도 없을 것이다.

물론 처음에 말한 것처럼 유예가 부여되면 '아직', '좀 더'라는 의식을 증대시키는 것도 인간심리의 일면 중 하나다.

그런 종류의 우유부단에는 결단을 내리는 결정타를 부여하는 편이 좋다.

이것이 가장 어려운 것이기는 하지만, 이런 인간심리의 양면을 관찰한 뒤에 상대가 어떤 타입인지를 파악하는 것이 중요한 것이다.

> 인간의 심리는 결단을 강요하면 다른 좋은 선택지가 있지 않을까 하고 고민하는 경향이 있다.

13
결론의 단서를 맡기는 심리적 급소

지인 중에 독신시절부터 '권위주의 남편'을 선언한 남자가 있었다. 남자란 모름지기 한 가정의 기둥이라는 생각인 것이다. 그런데 그가 결혼하고 오랜만에 만나보니 의외로 '공처가'가 되어 있었다. 당연히 '권위주의 남편'이 된 줄 알았던 그가 어째서 '공처가'로 변했을까. 그의 말에서 그 연유를 추측해 보면 아내의 설득술이 그보다 한 수 위였던 것 같다. 그는 이제까지 아이의 진학 문제, 주택구입 등 모든 일을 아내에게 상담을 해왔던 것이다. 그로서는 한 가정의 가장으로 그 모든 문제들에 대한 결론을 자신이 내려왔다고 생각했지만, 깨닫고 보니 아내의 생각으로 모든 것이 결정되어져 왔던 것이다.

아내가 자주 쓰는 수법은 3단 논법으로 남편을 논파하는 것이 아니었다. 오히려 그 반대로 "어떻게 하면 좋을까요. 뭔가 좋은 방법이 없을까요." 하고 해결책을 전가한 것이다.

아내가 이렇게까지 하면 남편은 기분 나빠할 리가 없다. 최종적인 결단은 자신의 손에 달려 있다고 생각하는 것이다. 하지만 실제로는 아내의 의사대로 움직여진 것뿐이다. 어쩐지 그의 아내는 그보다도 몇 수 위의 사람인 것 같다.

이 경우뿐만 아니라 회사나 회합에서 모든 것을 컨트롤하고 싶어 하는 사람이 있는데 잘난 척하려는 마음 때문이라면 곤란하다. 특히 그런 사람일수록 신기하게도 무드 메이커인 경우가 많다. 이런 상대에게는 위의 아내와 같이 결론의 단서를 맡기는 것처럼 하면 효과적이다. 즉 '당신에게 결정권을 줬다.'고 생각하게 만들지만, 사실은 구체적인 안을 도출해내는 것은 이쪽이라는 테크닉이다. 해결책을 맡겼다는 자세를 취하면 그 사람의 자존심을 훼손하지 않고서 처리할 수 있으며, 그 사람의 기분을 배려하는 것으로 모든 것이 원활하게 처리된다면, 이런 작은 눈가림 같은 수법도 효율적이라고 할 수 있을 것이다.

🤝 회사나 회합에서 모든 것을 컨트롤하고 싶어 하는 사람에게는 결론의 단서를 맡기는 것처럼 하면 효과적이다.

14
경계심을 만드는 '역할기대'

당신이 자동차 세일즈맨과 대면했을 때, 가장 먼저 생각하는 것은 이 사람은 자신에게 자동차를 팔려고 한다는 생각일 것이다.

또한 상대가 우수한 세일즈맨이라는 소문이 있을수록 더 고가의 자동차를 팔려고 할 것이라고 예상할 것이다.

이처럼 일이나 지위에 맞는 역할에 응분한 이미지를 상대에게 기대하는 것을 심리학에서는 '역할기대'라고 한다. 역할기대 그 자체에 대한 가치판단은 시비가 없지만, 위와 같은 자동차 세일즈맨의 경우에는 반드시 플러스 이미지를 준다고 할 수 없다. 그리고 신차를 사게 하려든지, 상품을 팔고 싶어 하는 경우, 상대가 연상하는 역할기대가 세일즈맨에게 마이너스로 작용하는 경우는 자주 일어난다. 이런 역할기대가 형성하는 선입관이 상대에게 마음의 벽을 쌓게 해서 방어태도를 취하게 하는 것이다. 이런 경우에는 의도적으로 상대의 역할기대를 뒤엎는 것으로 상대의 경계심을 풀고 신뢰감이나 안심감을 심어주는 것이 가능하다.

이런 이야기가 있다. 10년 동안 같은 차를 애용해온 사람이 있었다. 그는 요 몇 년 사이에 많은 자동차 세일즈맨에게서 차종을 바꾸라는 권유를 받아왔다. 그러나 그는 그런 권유에 대해 완고하게 거부해왔다. 그도 그럴 것이 "이런 구식은 사고 나기 쉽습니다." 또는 "이렇게 덜컹거려서는 수리비가 더 많이 들겠습니다." 라는 세일즈맨의 말이 오히려 그의 신경을 거슬리게 했던 것이다.

그런 그에게 어느 날 중년의 세일즈맨이 찾아왔다. 이 세일즈맨은 그에게 이렇게 말했다.

"차를 잘 관리해 오셨군요. 아직도 한참은 더 타실 수 있을 것 같습니다. 지금 차를 바꾸기에는 아깝군요."

내심으로는 슬슬 차를 바꿀 때가 되었다고 생각하던 그는 이 한마디에 이끌려 다음 달에 이 세일즈맨에게서 신차를 구입했.

처음에 왔던 세일즈맨은 차를 판매하려는 목적 때문에 그의 소유물인 자동차를 고물로 몰아붙였다. 그것이 그에게는 험담으로 들려서 마음의 벽을 점점 더 크고 견고하게 만들었던 것이다.

그리고 중년의 세일즈맨이 찾아왔을 때도 그는 역시 똑같은 말을 할 것이라고 예상했을 것이다. 그런데 중년의 세일즈맨이 처음 한 말은 역할기대를 180도 뒤엎은 것이었다.

그렇기 때문에 그는 이 세일즈맨을 신뢰하게 된 것이다. 이처럼 역할기대를 뒤엎고 상대의 입장에 서면 아무리 강한 경계심이라도 허물어뜨릴 수 있을 것이다.

> 역할기대가 형성하는 선입관이 상대에게 마음의 벽을 쌓게 해서 방어태도를 취하게 한다. 이런 경우에는 의도적으로 상대의 역할기대를 뒤엎는 것으로 상대의 경계심을 풀 수 있다.

15
자신이나 타인에게도 이익이 된다는 명분

보석이나 가죽 등 고가의 상품을 파는 능숙한 세일즈맨은 살까 말까 망설이는 주부에게 "이것을 사면 누구보다도 남편분께서 기뻐하실 겁니다."라는 말로써 설득한다. 고가의 물건을 사는 것은 절대 자신을 위한 것이 아니라 남편을 위해서라는 대의명분으로 믿고 싶어 하는 마음을 키워주는 것이다. 더욱이 "되팔 때에는 더 비싸게 팔수도 있으니까 재산이 될 겁니다."라고 가족이라는 대의명분을 추가하면 망설이고 있는 주부들은 대부분 사게 된다.

토요토미 히데요시가 유명한 '칼 사냥'을 했을 때의 일이다. 히데요시는 농민과 무사를 분리하지 않으면 하극상과 나아가서는 전란을 평정시킬 수 없다고 생각했다. 이대로라면 지배계층의 확립도 기대할 수 없다고 염려해서 농병(農兵)의 분리를 하기 위해 '칼의 몰수'를 시행한 것이다.

당시의 농민은 오랫동안 지배계층에 속고 배신당해 왔기 때문에 불신과 회의심이 강했다. 만약 히데요시가 강압적으로 나오면 자포자기로 봉기가 일어날지도 모르는 상황이었다.

그 불신과 회의심에 찬 농민을 히데요시는 "몰수한 무기는 대불상을 만드는 못과 망치로 만들어 농민들의 내세를 위한 공양이 될 것이다. 그리고 농민들은 농경에 전념하고 있으면 태평성대를 이룩할 것이다."고 설득한 것이다.

회의심이 강하고 신중하면서 겁 많은 농민들도 농민전체를 위한 것이라고 설득당하면 개개인의 마음은 반대일지라도 '전체를 위해'라는 대의명분 앞에서는 개인의 생각은 포기할 수밖에 없게 된다. 이렇게 농민들의 의식은 점차로 믿고 싶지 않은 마음에서 믿고 싶어 하는 기분으로 바뀌어서 마지막에는 히데요시의 설득에 응한 것이다.

원래 인간은 상대를 믿고 싶은 마음과 동시에 믿고 싶지 않은 상반하는 마음을 가지고 있다. 인간은 이 두 개의 마음 사이에서 흔들리면서 행동하고 있다고 해도 무방하다. 신중하고 회의심이 많은 사람은 지금까지의 경험에 의해 믿고 싶지 않은 기분이 강해져서 자신의 행동을 규제하고 있다. 그렇다고 해서 그에게 믿고 싶어 하는 마음이 없는 것은 아니다. 오히려 믿고 싶어 하는 마음을 보다 강하게 가지고 있다.

이런 그들의 무의식적 기대에 보답하기 위해서는 그 행동이 자신이나 타인에게도 이익이 된다는 명분을 전면에 내걸어야 한다. 즉 그들이 납득하는 대의명분을 제시하면 믿고 싶어 하는 마음이 촉발되어 이쪽이 말하는 것에 눈길을 주기 시작하는 것이다.

> 믿고 싶어 하는 마음을 강하게 지닌 사람의 무의식적 기대에 보답하기 위해서는 그 행동이 자신이나 타인에게도 이익이 된다는 명분을 전면에 내걸어야 한다.

16
간파하지 못하는 나머지 99의 거짓말

지금은 거의 볼 수 없게 되었지만 10년 전에 유행한 수법이 있었다. 길을 걷다 보면 자동차가 다가와서 신사복을 싸게 사지 않겠느냐고 묻는다. 백화점 가격의 20~30%로 사라고 하는 것이다.

한 피해자는 처음에는 세상에 그렇게 밑지게 파는 장사가 어디 있느냐고 대꾸도 하지 않고 지나쳤다. 그런데 상대편이 목소리를 죽이고 이렇게 이야기했다고 한다.

"사실은 손님, 우리는 저쪽의 ○○ 백화점에 납품하러 왔는데 몇 벌에 작은 얼룩이 발견돼서 검사에서 반품된 것입니다. 이대로는 회사에 돌아갈 수 없습니다. 우리를 도와주시는 셈치고 이 가격에 사 가십시오.”

　피해자는 그만 이 말을 믿어버리고 10만 원을 지불하고 물건을 샀다. 그런데 집에 와서 보니 형편없는 옷이었다고 한다.

　어떤 사람도 감언이설은 믿으려고 하지 않을 것이다. 그런데 이때, 상대가 '작은 얼룩'이라는 자신의 약점을 살짝 드러내면 '그렇군. 그런 일이 있을 수도 있을 거야.'라며 머리를 끄덕이게 되는 것이다.

　이 이야기는 마침 백화점 세일 등에서 '미스 상품 대처분', '재고 방출'이라는 선전 문구를 내걸고 사람들을 끌어 모으는 것과 같은 수법인 것이다.

　인간은 의외로 어리석은 면이 있어서, 속이 훤히 드려다 보이는 거짓말은 절대 믿지 않지만, 여기에 백 분의 일이라도 진실이 있다고 생각되면 나머지 99의 거짓말을 간파할 수 없게 된다. 더욱이 이런 경향은 어째서인지 지능지수가 높은 사람, 즉 '자신은 절대 남에게 사기를 당하지 않는다.'고 자신감을 보이는 사람일수록 강하다.

　이런 인간심리의 맹점을 찌르는 방법도 좋은 방향으로 사용하면 도움이 되는 경우가 있다.

　결혼상대의 들러리를 할 때에도 '일류대학 출신으로 키도 크고, 성격도 좋고~'라는 식으로 좋게만 이야기하는 것보다 먼저

'그렇게 미남은 아니지만~'이라고 한 가지라도 좋으니까 마이너스 요소를 강조해 주면, 의외로 그 사람이 말하는 것을 신용하게 된다. 물론 나머지 99가 거짓말이어서는 안 된다는 것 또한 당연하다.

> 🤝 인간은 의외로 어리석은 면이 있어서, 속이 훤히 드려다 보이는 거짓말은 절대 믿지 않지만, 여기에 백 분의 일이라도 진실이 있다고 생각되면 나머지 99의 거짓말을 간파할 수 없게 된다.

설득을 위한 명언

♣ 사람은 할 말이 없으면 언제나 험담을 한다. 〈볼테르〉

♣ 아부를 하는 것은 쉽지만 남을 칭찬하는 것은 어렵다. 〈소로〉

♣ 한 번의 농담으로 열 명에게 경멸당한다. 〈스탕〉

♣ 나쁜 소문은 천리를 가지만 좋은 소문은 문밖에도 나가지 않는다. 〈밀턴〉

♣ 남에게 좋은 평판을 들으려면 자기 자랑을 떠벌려서는 안 된다. 〈파스칼〉

♣ 여자에게 냉담할수록 여자는 호감을 갖는다. 〈푸슈킨〉

♣ 불행은 그것을 말하는 것으로 경감시킬 수 있다. 〈코르네이유〉

♣ 어디를 가서라도 약한 사상에 강한 말이라는 외투를 입는 것을 좋아한다. 〈파울 하이제〉

♣ 만약 남의 험담을 말한다면 그것이 자신에게 되돌아올 것을 예상하라. 〈프라우 타스〉

♣ 여자의 입에서 나오는 '아니오.'라는 말은 부정이 아니다. 〈시드니〉

♣ 주먹으로 때리는 것보다 웃음으로 겁을 줘라. 〈셰익스피어〉

chapter 5
'약함을 꿰뚫어보는' 설득심리술

우리들은 망설이고 있는 사람에게 양자택일을 강요하지 않으면 안 되는 장면에 종종 직면하게 된다. 가능하면 이쪽이 선택하기를 바라는 것을 선택했으면 좋겠지만, 망설이고 있는 상대는 이쪽의 결론을 스트레이트로 강요당하면 오히려 경계해서 반대의 결론을 선택하기 쉽다. 따라서 상대의 의향을 묻는 형식으로 선택지의 배열에 신경을 써야만 한다. 포인트는 선택하기를 바라는 것을 반드시 뒤로 돌리는 것이다.

01
상대에게 우월감을 가지게 하는 테크닉

설득의 기본 중 하나는 말할 필요도 없이 설득하는 상대의 심리적인 에너지나 감정의 밸런스를 능숙하게 유도해서 자신의 말을 상대에게 승낙받는 것에 있다. 설득하는 사람이 좀처럼 자신의 마음대로 움직이지 않거나, 허점을 보이지 않거나, 유리한 입장에 서려고 하는 한, 상대는 마음에 견고한 장벽을 쌓아서 합의를 도출해낼 수 없을 것이다.

그래서 때로는 자신의 약점을 고백하는 행동을 함으로써 일시적으로 상대에게 우월감을 가지게 하는 테크닉도 필요한 것이다. 이때 주의해야 할 것은 어디까지나 그렇게 행동하는 것이지 자신의 진짜 약점을 고백하지 않는다는 것이다. 만약 실제로 '자신의 약점을 고백'하면 상대는 그 약점을 이용하려고 할 것이다.

자신의 약점을 고백하는 척한다는 것에는 단순히 상대의 감정의 밸런스를 조종한다는 효과뿐만 아니라 그런 행동으로 인해 반대로 자신의 논리의 약점을 숨기는 장점이 있다.

실제로 인간의 심리라는 것은 상반성을 지니고 있어서 약점을 지적하기 전에 본인의 입에서 그 말을 들으면 듣는 사람은 그 약점에 대해 관심을 잃어버리게 된다. 선수를 치면 그 약점을 문제시할 수 없게 되는 것이다.

따라서 '장황하지만', '똑같은 말이겠지만' 등의 전제를 함으로써 상대에게 전달하는 말의 중복감을 줄일 수 있는 것이며, '극단적인 말인지도 모르지만'이라고 전제하면 말처럼 그다지 극단적인 인상을 듣는 사람에게 전하지 않고 끝낼 수 있다. 어디까지나 '~인 것 같지만'이라고 애매한 말투를 쓰는 것이 이 테크닉의 포인트인 것이다. 정말로 '지루한' 것이라도 '지루한 것 같지만'이라는 표현을 사용함으로써 진정한 '지루함'과는 구분을 지을 수 있는 인상을 상대에게 전할 수가 있기 때문이다.

'길게 말씀드리자면'이라는 전제는 듣는 사람에게 본론에 들어가기 전에 그 '장황함'에 싫증을 내게 만들기 쉽다. '예, 분명히 장황한 것 같습니다.'로 말은 끝나버리고, 계속되어야 할 상담도 진척시킬 수 없게 된다. 이래서는 그때까지 서로 참을성 있게 상담을 진행시켜 왔던 노력은 물거품이 될 뿐이다.

물론 장황하거나, 반복, 극단적인 말투 그 자체가 나쁜 것은 아니다. 문제는 설득하는 쪽과 설득당하는 쪽이 그것에 관해 어떤 감정을 품게 되는지, 그리고 그 감정을 어떻게 상담의 진행에 반영시켜 갈 것인지 하는 점이다. 장황한 듯하지만 작은 약점일수록 말의 표현방법 하나로 상반된 결과를 초래한다는 것을 알아두면 손해 볼 것이 없다.

🤝 설득하는 사람은 때로는 자신의 약점을 고백하는 행동을 함으로써 일시적으로 상대에게 우월감을 가지게 하는 테크닉이 필요하다.

02
반론을 경청하는 태도로 바뀌는 타이밍

필자의 중학교 동기 중에 지금은 증권사 사장을 역임하고 있는 친구는 대학 졸업 후, 동사의 창업주인 부친의 밑에서 일을 배워 이윽고 회사의 모든 것을 일임받게 되었다. 그러나 신념이 곧고 완고하신 부친에게 자신이 옳다고 믿는 것을 납득시키기 위해 그는 많은 고생을 했다고 한다.

입사 후, 5년 정도는 매일같이 충돌했다고 한다. 그리고 간신히 부친의 위대함을 알게 되었을 때, 그는 '부자의 합치된 지혜'로써 '오늘 듣고 내일 이야기한다.'는 것을 발견했다. 즉 오늘은 반론하지 않고 침묵하고 상대의 말을 듣는다. 하루가 지나서 서로 냉정함을 찾았을 때, 자신의 의견을 말하면 상대에게도 이해받을 수 있다는 것이다.

세일즈맨이 불만을 처리하는 원칙 중 하나에 '사람을 바꾸고, 장소를 바꾸고, 시간을 바꿔라.'는 말이 있다. 먼저 불만의 원인을 발생시킨 직접적인 담당자를 바꿔서 주임이나 과장이 사죄를 하는 것이다.

그리고 "여기서는 천천히 말을 들을 수 없기 때문에."라고 하여 별실이나 그 밖의 다른 장소로 옮긴다. 또 설득하는 상대의 감정이 격앙되어 있을 때나 의견이 충돌할 때에는 이런 방법이 효과적이다. "철저히 조사해 보겠습니다." 하고 즉답을 피하고 이야기를 후일로 연기한다. 시간을 두는 것으로 상대의 기분의 변화를 기다리는 것이다.

친구의 경우는 이 '시간을 바꾼다.'는 방법을 응용한 것이다. 이 방법은 다른 말로 하면 '시간차 공격'이라고 할 수 있다. 이런 인간관계의 최상의 모델을 그는 오랜 체험에서 배웠던 것이다.

간밤에 쓴 연애편지를 다음 날 읽어보면 어쩐지 멋쩍고 부끄러워서 보내지 못했던 경험은 누구나 한 번쯤 가지고 있을 것이다. 이것은 당시의 기세로 썼던 것을 일정한 시간이 지나서 읽어보는 것으로 객관적으로 자신을 바라볼 수 있기 때문인 것이다. 이것은 그 자리의 분위기에 빠져서 자신의 의견을 고집하는 경우와도 일

맥상통한다.

따라서 상대가 물러서려 해도 물러설 수 없는 상태라는 것을 알아차리면 먼저 상대의 말을 들어주어야 한다. 그 후 때를 봐서 자신의 주장을 상대에게 전한다.

이런 냉각기간을 갖는 사이에 상대도 이쪽의 반론에 귀를 기울일 수 있는 냉정함을 회복할 수 있을 것이다. 그것이 쌍방에게 좋다는 것은 말할 필요도 없을 것이다.

🤝 상대가 물러서려 해도 물러설 수 없는 상태라는 것을 알아차리면 먼저 상대의 말을 들어주어야 한다. 그 후 때를 봐서 자신의 주장을 상대에게 전해야 한다.

03
왜 그 사람에게 부탁하는지를 강조

미국의 데일 카네기가 말한 명언 중 하나에 '상대를 중요인물로 취급하고 성의를 가지고 協력을 요청하면 적대자도 친구로 만들 수 있다.'는 문구가 있다. 인간은 누구나 타인에게서 신뢰를 받거나 존경을 받으면 기분이 좋아진다. 비록 그것이 사탕발림이라는 것을 알아도 칭찬받았다는 것은 기분이 좋은 일이다. 그리고 프라이드가 높은 사람일수록 그런 경향이 강하다고 말할 수 있다.

통상적으로 자존심이 강한 사람은 특히 대하기가 어려운 점이 있다. 어떤 일을 부탁할 때에는 신경이 더 쓰이고 특히 그 일이 꺼림칙한 일, 부탁하기 거북한 일일수록 더 그렇다. 하지만 일관계상 그렇게 할 수밖에 없는 상황이 있기 마련이다. 그렇다고 개개인의 프라이드에 일일이 신경을 쓰고 휘둘리면 일을 진행시킬 수 없다.

그래서 이와 같은 타입의 사람은 부탁하는 것을 그에게 받아들이게 하기 위해서는 은근히 자존심을 부추겨줘야 한다. 원래 자존심이 강하고 프라이드가 높은 사람 중에는 자신감이 강한 사람이 많다. 그들은 '자신은 그들과 다르다. 동일시하지 말아 달라.'고 생각하고 있기 쉽다.

따라서 일을 부탁하는 쪽도 왜 다른 사람이 아닌 그 사람에게 부탁하는지를 강조해 주는 것이 좋다. 많은 사람들 중에 자네를 우연히 뽑은 것이라는 인상을 주지 않는 것이 중요하다. 그래서 '자네밖에 할 수 없다고 생각했기 때문에 부탁하는 것이네.'라는 전제를 하는 것이 실제로 큰 효과를 발휘하게 된다.

관리직에 있는 지인이 일찍이 몇 번인가 자신의 부하를 이러저러한 사정에서 지방으로 전근시켜야만 했을 때, 그 설득의 비결을 다음과 같이 이야기해 주었다.

그는 먼저 근무처의 지방 영업소를 형편없다고 이야기를 했다. 그리고 "이대로는 그 영업소는 곧 쓰러질 것이네. 지금 손을 써야만 하는데 아무나 적임자가 될 수도 없네. 나름대로 실력과 능력을 겸비한 사람이 아니면 보내는 의미가 없네."라고 강조하고 "자네만한 적임자가 없다."고 둘러댔다는 것이다.

듣는 쪽에서는 처음에는 지나친 부추김 때문에 불쾌한 기분을 나타내지만, 그의 이야기를 듣고 있는 사이에 점차로 의욕이 생기고, 마지막에는 눈을 빛내면서 전근을 갔다고 한다. 그리고 전근처에서도 실력 이상의 힘을 발휘했다고 한다.

> 자존심이 강하고 프라이드가 높은 사람 중에는 자신감이 강한 사람이 많다. 따라서 일을 부탁하는 쪽도 왜 다른 사람이 아닌 그 사람에게 부탁하는지를 강조해 주는 것이 좋다.

04
뒤처져 있는 것은
자신만이 아니라는 것의 인식

학생들이 긴장하고 있는 신학기 첫 강의에서 '나는 악필이어서 칠판에 글을 쓰는 것도 서툴다. 초등학생 때 글씨 쓰기는 낙제 점수만 받았다.'고 학생들의 웃음을 유도했던 기억이 있다. 때로는 '이 넥타이 어때? 너무 화려한가.' 하고 엉뚱한 질문도 해보았다. 이것만으로도 긴장하고 있던 학생들의 마음은 '뭐야, 이 선생은 저런 데까지 신경을 쓰고 있네. 역시 같은 인간일 뿐이다.'고 마음에 여유가 생겨 일종의 우월감까지 느끼기도 한다.

지방에 강연을 갔을 때에도 마이크 앞에서 재채기를 하거나, 일부러 비틀거리기도 한다. 이처럼 작은 실수를 의식적으로 행하는 것으로 그때까지의 팽팽히 깔려 있던 회장의 분위기가 순식간에 부드러워지기도 한다.

청중은 필자가 그런 행동을 하기 전까지는 전 대학교수라는 직함에 일종의 경계심까지 지니고 있는 것 같다. 그 때문인지 필자의 작은 실수를 보고 '역시 같은 인간이어서 저런 실수도 하는구나.' 하고 생각하여 갑자기 필자에 대한 친근감을 느끼게 되는 것이다.

열등의식이나 과도한 경계심, 긴장하고 있는 상대나 첫 대면의 상대와의 대화, 설득은 대단히 어렵다. 특히 사회적 지위나 세상의 평가에 분명한 차이가 나는 경우에 상대는 심리적으로 열세에 처해져, 소위 기가 죽거나 경직되어 버린다. 그대로 내버려둔다면 상대의 경직된 마음의 벽은 점점 더 굳어져서 마음의 문을 닫아버리게 된다.

이 마음의 벽을 허물어뜨리기 위해서는 뒤처져 있는 것은 자신만이 아니라는 것을 상대에게 인식시키는 것이 선결과제이다.

플레이보이로 유명한 어떤 배우는 유혹하려는 여성에게 "어머니의 맛이라는 말을 듣는 것만으로도 나는 완전히 넋을 빼앗겨 버린다."라거나 "손재주가 없어서 와이셔츠도 내 손으로 다리지 못한다."라는 말로 모성본능을 자극해서 자신에게 이끌리도록 하는 것이 특기라고 한다.

같은 인간이라도 상대에 대한 아무런 고려 없이 말하기 시작하면 서로에 대한 심리적 거리감은 커져만 갈 뿐 설득한다는 것은 엄두도 못 내게 된다.

그런데 심리적으로 우위에 선 사람이 익살스러운 방언이나 말투를 사용하면 열세에 있던 사람은 어쩐지 안심감을 품게 되고 심리적 거리감은 줄어든다. 불필요한 긴장감을 제거해 주는 데 큰 역할을 해주는 것이다.

🤝 마음의 벽을 허물어뜨리기 위해서는 뒤처져 있는 것은 자신만이 아니라는 것을 상대에게 인식시키는 것이 선결과제이다.

05
가장 부조화를 이루는 해질녘

　비운의 최후를 맞은 모나코 왕비 그레이스 켈리의 배우시절의 대표작 중 '상류사회'라는 멋진 뮤지컬 영화가 있다.
　루이 암스트롱의 명곡 '하이소사에티'를 배경으로 그녀를 둘러싸고 대니 케인과 프랭크 시나트라가 사랑의 줄다리기를 펼치는 즐거운 영화이다.
　이 영화 속에 두 명의 남자가 서로 그녀를 유혹할 때가 항상 해질 무렵에서 저녁이었던 것을 필자는 깨달았다.
　어째서 항상 사랑의 속삼임은 해질 무렵이었을까. 일반적으로 여성은 해질녘에 느끼는 독특한 무드에 약하다고 하지만, 사실 여기에는 심리적으로 볼 때 더 깊은 이유가 존재한다.

우리 인간에게는 마음과 몸을 지배하고 있는 '바디 타임'이라고 불리는 것이 있어서, 이것이 가장 부조화를 이루는 것이 해질녘인 것이다.

바디 타임이란 인간의 정신과 육체를 관장하는 자연 리듬인데, 이것이 부조화를 일으키면 누구나 몸이 피곤하거나, 사고능력이 저하되고 긴장감이 풀어지는 것이다.

종종 해질녘에 교통사고의 발생률이 높다고 하는 것도 바디 타임의 부조화가 그 한 원인이다.

남성과 비교해서 정서적 경향이 강한 여성은 바디 타임의 부조화에 의해 정신적인 불안정한 상태에 빠져서 센티멘털한 기분에 빠지기 쉽다.

이렇게 생각하면 여성을 유혹하기에 좋은 때는 해질녘이라는 공식도 틀린 말이 아니다. 오랜 시간에 걸쳐 배양해 온 남성의 '생활의 지혜'라고 말할 수도 있는 것이다.

물론 바디 타임의 변조가 극도로 긴장감을 희박하게 만든다는 현상은 여성에게만 제한된 것이 아니다. 남성도 같다. 선동의 천재 아돌프 히틀러가 황혼녘에 집회를 즐겨 행했다는 에피소드는 유명하다. 그도 역시 이런 인간의 심리적 경향을 분명히 간파하고 있었다는 것은 부정할 수 없는 사실일 것이다. 따라서 바디 타임의 원칙은 상대의 의도대로 손쉽게 넘어가지 않기 위해서라도 알아두는 편이 좋다.

상대가 저녁에 교섭시간을 정해 놓았다면 주의해야 한다. 그리고 이번 교섭이 좀처럼 진전 없이 난항을 거듭하고 있다고 상대가 생각하고 있다는 것도 미리 짐작할 수 있다. 혹은 저녁이면 생길 심신의 부조화를 한층 더 심화시킬 수 있다는 것도 가능할 것이다.

우리 인간에게는 마음과 몸을 지배하고 있는 '바디 타임'이라고 불리는 것이 있어서, 이것이 가장 부조화를 이루는 것이 해질녘이다.

06
그 문제의 중대성을 강조

 벌써 10년 전의 일이지만, 일찍이 구입해둔 토지에 드디어 집을 신축하려고 할 때, 돌연 장기해외근무를 발령받은 친구가 있었다. 당연히 전 가족이 동행해야 했다. 부임까지 남겨진 시간은 2주, 분주함 속에 먼저 신축을 중지하고 계약을 해지하지 않으면 안 되는 상황이었다.

 하지만 그는 계약대로 집을 세운다는 결론을 내리고 집으로 돌아왔다.

 그의 이야기에 의하면 건설회사의 대응은 다음과 같았다. 친구의 신축중지 사유를 다 듣고 난 담당자는 "큰일이군요. 급박한 상황이지만 중대한 일입니다. 잘 생각해서 대처해야지, 고객님이 후회할 수도 있겠습니다."라며 계약이 친구의 일생을 좌우할 수도 있는 중대사라는 것을 강조한 것이다.

처음에는 어쨌든 서둘러 계약을 해지하는 것만을 생각하고 있던 그도 갑자기 상대가 말하는 '잘 생각해야 할 중대한 문제'라는 말이 마음에 걸려서 냉정하게 생각하게 되었다고 한다.

그리고 결국 지금 지어두는 편이 자재비의 상승과 여러 면에서도 유리하다는 것을 깨닫고, 주인이 없어도 회사가 책임을 지고 완성시켜, 신축한 집은 신뢰할 수 있는 사람을 찾아서 빌려주는 등의 좋은 조건하에 처음의 계획대로 건설하기로 한 것이다.

인간은 누구나 돌발 상황에 직면하면 한시라도 빨리 그 사태에 대처하기 위해서 서두르게 된다.

이런 사람을 설득하는 것은 지극히 어려운 일이다. 절박한 얼굴로 재촉하는 상대에게는 설득해도 무리이다. 그렇다고 해서 초점에 어긋난 이야기를 하면 상대를 감정적으로 만들뿐 효과가 없다.

상대의 조급한 마음을 잘 진정시키고 자신의 이야기를 듣게 하는 상황까지 만들기 위해서는 그 문제의 중대성을 강조해야 한다.

건설회사의 예에서도 숙고를 요하는 중대한 문제라는 것을 강조했기 때문에 일각을 다투는 조급함을 진정시킬 수 있었던 것이다.

 중대성을 강조하는 것으로 문제의 긴급성을 중화시킬 수가 있다면 상대는 곧 냉정함을 되찾고 천천히 생각해 봐야겠다는 마음이 드는 것이다.

> 상대의 조급한 마음을 잘 진정시키고 자신의 이야기를 듣게 하는 상황까지 만들기 위해서는 그 문제의 중대성을 강조해야 한다.

07
교착상태에서의 양보의 정도

 샐러리맨 경험이 있는 한 작가의 경제소설을 읽으면 현장에 있었던 사람만이 가지고 있는 생생한 교섭 장면이 곳곳에 묘사되어 있다. 무역회사에 근무하는 사람들이 해외에서 물건을 구입할 때의 치열한 가격인하 교섭, 건설업자와의 공기교섭, 상사와 부하 간의 업무교섭 등 모두 생생하고 긴장감 있게 묘사되어 있다.
 예를 들어 한 부장이 기말까지 100까지 일을 하라고 했을 때, 부하 과장의 본심은 80까지는 가능하다고 생각하더라도 '100까지는 도저히 무리한 일이다. 최대한 50까지 달성하면 잘한 것.'이라고 생각한다고 하자. 부장은 부장대로 회사로서는 100까지 팔

지 않으면 안 된다고 강하게 역설한다.

　한 직장의 간부사원이었던 어느 작가는 자신의 소설 속의 주인공에게 이럴 때에 모든 객관적인 데이터를 무기로 끝까지 뜻을 굽히지 않는 모습을 묘사하고 있다.

　처음에는 부장도 화를 낸다. 그리고 최후의 수단으로 '명령이다.'는 말이 나오는 상태까지 이른다. 그때 과장은 "알았습니다. 그렇게까지 말씀하신다면 무리라는 것을 전제로 70까지 달성하도록 하겠습니다."고 대답한다. 다시 치열한 대화가 오고간 후, 결국은 70을 목표로 한다는 결론을 도출한다.

　이런 수법은 실적의 세계를 비롯해 외교교섭의 현장에서는 극히 당연한 듯이 사용되고 있다.

　'양보하라. 아니다, 더 이상은 양보할 수 없다.' 하며 대립하여 교착상태에 봉착했을 때, 이러한 '예정한 양보'가 의외로 큰 효과를 나타내기도 한다. 교착상태의 쌍방이 '양보할 수 없다.'고 팽팽하게 주장하고 있기 때문에 미리 예상하고 있던 부분까지만 양보하면 된다. 더욱이 상대의 기선을 제압해서 양보하는 것이 비결이다.

　이를 위해서는 위의 과장처럼 처음부터 어느 정도 복선을 깔아 놓는다.

　예를 들어 필요 이상으로 많은 요구를 내걸어서 '이것도 양보한다, 이것도 양보한다. 하지만 이것만은~'이라고 하면 상대의 의도에 휘둘리지 않고 자신의 예상대로 결과를 이끌어낼 수 있다.

만약 상대가 도저히 지불날짜를 지킬 수 없다고 말해도 지불날짜를 연장하거나, 분할납부로 세무상 혜택을 주거나, 수속을 간단하게 해주거나 등의 '예정한 양보'를 해서 결국은 상대에게 지불하도록 만드는 케이스가 세상에는 다반사이다.

'양보하라. 아니다, 더 이상은 양보할 수 없다.' 하며 대립하여 교착상태에 봉착했을 때, '예정한 양보'가 의외로 큰 효과를 나타내기도 한다.

08
선택하기를 바라는 것은 반드시 뒤로

플레이보이로 평판이 자자한 남자배우가 주간지 인터뷰에서 이런 말을 했다.

그는 여자를 유혹할 때 "돌아갈까? 아니면 자고 갈까?"라고 말하지 절대로 "자고 갈까? 아니면 돌아갈까."라고는 말하지 않는다고 한다. 이 발언을 들었을 때 필자는 과연 플레이보이라는 말을 들을 만큼의 배우라고 감탄했다.

즉 여성은 '돌아갈까?'라는 말을 들으면 일종의 안심감과 더불어 가벼운 실망감을 맛본다는 것이다.

왜냐하면 무의식중에 유혹당하는 것을 기대하고 있는 마음이 배신당했다고 생각하기 때문이다. 그 뒤에 '자고 갈까?'라는 말을 들으면 그 실망감이 사라지고 비록 대답하지 않아도 침묵이 OK의 의사표시가 된다.

반대로 생각해 보면 여자의 심리를 잘 알 수 있다. 처음에 '자고 갈까?'라는 말을 들었을 때, 깜짝 놀라서 경계심이 생긴다. 다음으로 '돌아갈까?'라는 말을 듣고 아무 말을 하지 않으면 돌아가는 것이 된다. 이것을 뒤엎고 여성이 '자고 가고 싶어.'라고 하는 것은 여성의 입장에서는 말하기 어려운 것이다.

말한다면 앞의 남자배우는 얄미울 정도로 여성의 심리를 잘 파악하고 있는 것이다.

비록 두 사람의 분위기가 좋았다고 하더라도 '자고 가는 것', '돌아가는 것'은 여성에게 대단히 중요한 문제이자, 가장 긴장하는 장면인 것이다.

그 중요한 장면에서 상대의 의사를 존중하는 행동을 보이면서 사실은 자신이 선택하기를 원하는 선택지를 선택하게 만드는 것이기 때문에 이것이야말로 궁극의 설득술이라고 말할 수 있다.

그렇다고 해서 우리들은 망설이고 있는 사람에게 양자택일을 강요하지 않으면 안 되는 장면에 종종 직면하게 된다. 가능하면 이쪽이 선택하기를 바라는 것을 선택했으면 좋겠지만, 망설이고 있는 상대는 이쪽의 결론을 스트레이트로 강요당하면 오히려 경계해서 반대의 결론을 선택하기 쉽다.

따라서 상대의 의향을 묻는 형식으로 선택지의 배열에 신경을 써야만 한다. 포인트는 선택하기를 바라는 것을 반드시 뒤로 돌리는 것이다.

백화점의 베테랑 점원은 고객이 쇼핑을 하고 있을 때, "배송을 하시겠습니까, 아니면 직접 가지고 돌아가시겠습니까?" 하고 묻는다. 그러면 고객은 "예, 가지고 가겠습니다."라고 대답한다.

이것으로 인해 백화점은 큰 경비절감을 얻을 수 있는 것이다.

똑같이 그다지 권하고 싶지 않은 사람에게 권할 때, 우리들은 "오늘 한잔 하러 갈까? 아니면 다음으로 미룰까?"라고 묻는다. 그러면 상대는 십중팔구 "음~ 다음으로 할까요?"라고 대답한다.

이것은 인간이 결론이나 결정을 뒤로 미루는 습성을 지니고 있다는 것을 교묘하게 이용한 심리 테크닉이다.

얼핏 비겁한 방법이라고 생각할지 모르지만 완전히 무시당하는 것보다는 좋지 않을까.

이것도 원만한 인간관계를 형성하기 위한 방편인 것이다.

> 상대의 의향을 묻는 형식으로 선택지의 배열에 신경을 써야만 한다. 포인트는 선택하기를 바라는 것을 반드시 뒤로 돌리는 것이다.

09
상대의 기선을 제압하는 조건

　약속 등을 했을 때에 종종 경험하는 일이, 상대보다 조금 늦었을 경우에는 왠지 기가 죽어서 좀처럼 대화를 자신의 페이스로 이끌어갈 수가 없다는 것이다. 그런데 반대로 자신이 먼저 도착해서 상대를 기다리는 경우에는 심리적인 여유가 생겨 상대에게 우월감을 가질 수가 있다. 특히 거북한 상대라면 이런 경향은 보다 강해질 것이다.
　처음부터 상대보다 심리적인 면에서 우위에 서면 이야기를 자신의 페이스로 이끌어갈 수 있기 때문에 이 소박한 테크닉은 교섭 등의 경우에 자주 이용된다. 상대보다 빨리 약속장소에 가는 것으로 상대의 기선을 제압할 수 있다는 것이다.

상대의 기선을 제압하는 수법을 응용해서 문제를 멋지게 해결한 어느 대학의 학장이 있다. 그 대학에서 2차 모집시험에 면접을 포함시키는 것을 발표했는데, 지원자가 예상을 훨씬 넘는 결과를 초래했다. 2차 시험이 학과만이라면 포기해 버리는 수험생도 면접이라면 자신도 가능할지 모른다고 생각했음에 틀림없다. 이 대학의 경우 가장 지원자가 많았던 것은 교육학과로 100명 정원에 6천 명이 응모했다.

놀란 것은 시험을 실시하는 교육학과였다. 서둘러 교육학과는 회의를 열고 그렇게 많은 수험생을 단 하루에 면접을 다 본다는 것은 불가능하다고 하여 학장에게 면접 중지를 건의했다. 학장은 검토할 것을 약속하고 그 자리에서 즉답을 보류했다. 그리고 이틀 후, 학장에게 호출당한 몇 명의 교육학과 교수는 면접 중지의 회답을 기대하면서 학장실로 향했다.

그런데 그들을 기다리고 있었던 것은 학장과 몇 명의 공학과 교수들이었다. 더욱이 공학과에서는 면접을 실시하기로 하고 그 실시방법을 학장과 협의하고 있었던 것이다. 학장은 "같은 문제이기 때문에 모두가 모여서 협의하려고 합니다." 하고 말했다.

곤란한 사정은 공학과도 똑같음에도 그 공학과가 면접을 실시한다는 말을 들었을 때에는 교육학과만이 면접을 중지할 수는 없게 되었다. 학장은 공학과의 교수진을 방편으로 멋지게 교육학과의 기선을 제압한 것이다.

그리고 학장은 "하루가 무리라면 며칠에 걸쳐서라도 괜찮습니다. 하지만 수험생에게 약속한 시험과목을 취소한다는 것은 절대로 있을 수 없습니다. 어디까지 실시한다는 방향으로 검토해 주십시오." 하고 말했다. 이렇게까지 학장에게서 말을 들으면 하루에 다 끝내버리겠다고 생각하는 것이 인간의 심리이다. 예정대로 그해의 입시는 하루 만에 면접시험을 끝냈다.

> 처음부터 상대보다 심리적인 면에서 우위에 서면 이야기를 자신의 페이스로 이끌어갈 수 있기 때문에 상대보다 빨리 약속장소에 가는 것으로 상대의 기선을 제압할 수 있다.

10
일인자의 권위

'주지의 사실이지만'이나 '모두 알고 계신 것처럼'이라는 말을 들으면 비록 처음 듣는 말이라도 전부터 알고 있었던 기분이 드는 경험을 한 사람이 많을 것이다. 또 신문이나 잡지의 서평에서 권위 있는 분야의 일인자가 절찬하는 책은 좋은 책임에 틀림없다는 생각이 드는 것이 보통이다. 혹은 지금까지 한 번도 읽은 적이 없는 젊은 작가의 책이라도 저명한 사람의 추천이 있으면 그만 사게 되는 사람도 자주 볼 수 있다.

사람들은 추천받은 책과 추천자의 권위를 무의식에서 동일시하고 있는 것이다. 이 심리적 메커니즘은 일상생활의 모든 장면에

침투해 있다. TV의 광고와 광고 포스터에 저명인이나 권위 있는 일인자가 기용되는 것도 똑같은 심리학적 원리의 응용이라고 할 수 있다. 광고방송을 보는 사람은 선전되는 상품과 캐릭터의 이미지를 심층심리에서 중복시켜 받아들인다. 이 심리적 효과에는 절대적인 힘이 있다. 따라서 설득에 능숙한 사람은 권위 있는 일인자의 말을 전면에 내세우거나 저명인의 발언이나 저작을 인용하면서 설득의 레벨을 상승시키는 것이다.

하지만 이 테크닉을 사용하는 경우에는 의외로 간과하기 쉬운 약점이 있다는 것에 주의해야 한다. 예를 들어 TV의 광고와 광고하려고 하는 상품과 캐릭터의 이미지가 합치하지 않으면 역효과를 초래하는 경우가 있다는 점이다. 실패의 예를 하나 들어보자.

건강주(健康酒)를 주력상품으로 하는 한방약 제조약품회사가 판매확대를 꾀하려고 TV 광고에 의한 이미지 체인지를 시도한 적이 있다. '한방'이라는 말이 가지는 고리타분한 이미지를 타파하고 젊은 애주가 층을 겨냥해서 근대화된 위생적 공장 설비를 전면에 내세우고, 인기 탤런트를 이미지 캐릭터로 기용한 것이다. 그런데 이 시도는 참담히 실패하고 말았다. 건강주라는 상품에 사용자들이 원한 것은 오랜 전통에 대한 신뢰감과 안심감이었던 것이다.

이처럼 저명인이나 권위 있는 일인자를 전면에 내세워서 자신의 논지를 정당화하려고 하는 경우의 필수조건은 상대가 무엇을 기대하고 어떤 약점을 가지고 있는지를 상세하게 조사해서 정확히 파악해 두어야 한다.

예를 들어 평소에는 평사원들의 의견을 전혀 개의치 않는 부장이라도 만약 그가 과학에 약한 타입이라면 '노벨상을 수상한 F 박사가 말한 것처럼'이라고 자연스럽게 한마디 덧붙이면 상대의 관심을 자기주장에 끌어들일 수가 있을 것이다. 상대에게 관심을 받기 위한 첫발이라고 생각하면 이것은 허용되는 테크닉일 것이다.

🤝 설득에 능숙한 사람은 권위 있는 일인자의 말을 전면에 내세우거나 저명인의 발언이나 저작을 인용하면서 설득의 레벨을 상승시킨다.

11
심리적인 동정 메커니즘

　어떤 선거운동의 베테랑 선거 운동원에게 들은 이야기이다. 당락선상에 턱걸이하고 있는 후보자에게 남겨진 최후의 수단은 아내와 자식까지 동원해서 유권자에게 애원하는 것이라고 한다. 흔히 말하는 '눈물전술'인 것이다. 대도시에서는 그런 풍경을 흔히 볼 수 없지만 지방에서는 선거의 종반전에 돌입하면 후보자가 가족을 데리고 가두에 서서 '저를 밀어주십시오.' 하고 울면서 애원하면 득표수에도 상당한 영향을 주는 것 같다.
　이것은 거꾸로 말하면 인간이 애원에 대해서 얼마나 약한 존재인가를 여실히 보여준다고 하겠다. 왜냐하면 애원은 상대보다 심리적 열세에 처해 있다는 것을 선언하고 있는 것이나 다름없기 때문이다. 즉 애원당하는 측에서 보면 더없는 우월감을 느낄 수 있으며, 무의식중에 상대의 요구를 받아들이기 쉬운 심리상태로 빠지기 쉽기 때문이다.

그 때문에 이러한 심리적 메커니즘은 일상의 설득기술로써도 충분히 활용할 수 있다. 특히 상대의 잘못을 냉정하게 지적할 수 없는 경우 등에는 이런 테크닉이 도움이 된다.

예를 들어 비즈니스 상담 등에서 도저히 상대를 설득할 수 있을 것 같지 않을 때, 마지막 카드로 "입장을 바꿔 생각해 보십시오." 하고 우는 소리를 내며 매달리는 경우가 종종 있다. 이 말의 이면에는 '당신이 내 입장에 서보면 그렇게 매정한 말을 할 수 없을 것이다.' 혹은 '조금은 이쪽의 입장에 서서 생각해 주는 것도 좋지 않은가.' 하는 상대의 비정함에 대한 비난의 감정도 포함되어 있는 것으로, 상대의 비난이나 비정함에 대한 원망을 노골적으로 표현하기가 거북하기 때문이다.

하지만 형태를 바꿔서 애원조로 말하면 상대는 비난당하고 있다고 느끼지 않는다. 오히려 우월감을 자극해서 작은 조건 등은 그다지 신경을 쓰지 않게 되는 경우도 적지 않다.

물론 평소에 상대보다 심리적 우위를 확보하는 것이 설득술의 대원칙인 것은 말할 필요도 없다. 그러나 때와 장소에 따라서는 애원을 가장해 상대보다 열세에 서 있다는 것을 표현함으로써 상대의 심리적 양보를 이끌어내는 테크닉도 필요하다.

단지 이 테크닉을 그다지 자주 사용하는 것은 권장할 수 없다. 왜냐하면 인간은 같은 행위를 몇 번 반복하면 비록 그것이 연기라고 해도 그 사람의 심리적 특성으로 굳어져 버리게 될 수도 있기 때문이다. 심리적 메커니즘의 한 가지로 연기가 의식중에 암시로 남겨져, 언젠가는 행동을 지배하게 되는 경우는 종종 있는 일이다. 어디까지나 난적을 설득하는 테크닉의 하나로 사용하는 편이 좋다.

'눈물전술'의 하나인 애원은 상대보다 심리적 열세에 처해 있다는 것을 선언하고 있는 것이나 다름없기 때문에 이러한 심리적 메커니즘은 일상의 설득 기술로써도 충분히 활용할 수 있다.

12
'실패하지 말라.'라는 마이너스 암시

'사장 시리즈'란 샐러리맨 희극영화가 있었다. 경쾌하고 재치 있는 샐러리맨의 심리를 잘 그려낸 작품으로, 영화 속 사장의 대사만을 보면 그다지 좋은 사장이라고 할 수 없다. 그것은 부하에게 일을 시킬 때 마지막에 반드시 "빈틈없이 잘 부탁하네.", "충분히 주의해서 해주게."라는 한마디를 덧붙이기 때문이다. 그 말로 실패가 없으면 문제는 없지만 이런 대사는 유달리 바람직한 결과를 내지 않는 것이 태반이다.

드라마에서뿐만 아니라 이 영화의 사장처럼 부하에게 일을 맡길 때 "실패하지 말게."라는 말을 덧붙이는 상사를 종종 볼 수 있다.

 자신의 책임이 되는 부하의 실패를 두려워하는 마음을 이해하지 못하는 건 아니지만, 이래서는 압박감을 줄 뿐으로 부하는 위축되기 쉽다. '실패하지 말라.'라는 말은 부하에게 '실패하지는 않을까.' 하는 마이너스 암시를 줘서 오히려 실패를 초래하게 된다. 또한 이런 상사의 태도는 '맡긴다고 말하면서 자신을 믿지 않는다.'는 불신감을 불러일으키기도 한다. 이것이 진전되면 '어차피 신용받지 못하고 있는데.' 하고 부하는 처음부터 포기하는 자세로 일에 임하고 결국은 실패를 반복하게 된다.

 그런 점에서 혼다의 창업자 혼다 소이치로 씨는 뛰어난 사장이라고 할 수 있다. 그가 자주 쓰는 말 중에 "실패를 두려워해서는 안 된다. 두려워할 것은 실패를 두려워해서 아무 일도 하지 않는 것이다."라는 말이 있다. 신기술의 개발은 수많은 실패 속에서 이루어진다는 말처럼 바로 그러한 길을 자신의 손으로 헤쳐 나온 사람이기 때문에 진실성은 더한다.

 혼다 씨의 말에는 상사가 부하의 실패를 방지하기 위해서는 어떻게 하면 좋을까라는 답이 담겨져 있다.

 하찮은 실수가 많아지고 일을 일임하는 것이 불안하게 느껴지는 부하가 있다고 하자. 이런 부하일수록 "실패가 없는 곳에 성공도 없다. 더 실패를 경험하라."고 반대로 실패를 부추겨서 일을 맡기면 되는 것이다. '실패하라.'는 말을 듣고 일부러 실패를 하는 사람은 없을 것이다. 오히려 이 정도로 자신이 신용을 받고 있구나 하고 분발하며 또한 책임감이 커져서 부주의한 실수를 줄이고 의욕적 창조적으로 일을 처리해 가게 되는 것이다.

어떤 상사라도 실패를 두려워하지 않는 상사는 없다. 혼다 사장이 되는지, 앞의 영화 속의 사장이 되는지는 실패를 두려워하지 않고 행동을 할 수 있는지 아닌지에 달려 있다고 하겠다.

> '실패하지 말라.'라는 말은 부하에게 '실패하지는 않을까.' 하는 마이너스 암시를 줘서 오히려 실패를 초래하게 된다.

13
'관심을 가져주어야겠다.'는 심리적 책임감

　설득의 제일보는 관심을 보이지 않는 상대의 마음을 이쪽으로 향하게 하는 것이다. 예를 들어 첫 대면의 세일즈맨과 고객이나 특별한 관계가 없는 남녀 등 서로 간에 의리나 감정이 없는 인간관계에서는 '사 주십시오.', '저랑 사귀어 주십시오.'만으로는 상대의 관심을 끌 수가 없다. 실적을 올리고 싶은 세일즈맨이 조금이라도 인연이 있는 사람, 관련이 있는 사람을 겨냥하는 것은 최초의 거절반응의 강약을 숙지하고 있기 때문이다.
　설득의 환경을 만들기 위해 무관계한 사람의 마음을 사로잡는 한 가지 방법은 상대의 마음에 '관심을 가져주어야겠다.'는 심리적 책임감이나 부담을 갖게 하는 것이다.

즉 가볍게 거절할 수 없는 '의리'를 만들어 버리는 것이다. 이를 위해서는 몇 번을 거절당하더라도, 비록 '또 오면 안 됩니다.'라고 거절당해도 '그래도 상관없습니다.'라고 자신의 성의(불필요한 노력처럼 보이는)를 보이는 것이 가장 효과적이라고 할 수 있다. 몇 번이고 방문하는 사이에 어느새 상대의 두터운 마음의 벽에도 작은 균열이 생기고, 결국에는 자신이 의도한 대로 일을 진행시킬 수 있다.

인간은 누구나 반복해서 의뢰를 받으면 점차로 심리적 부담이 된다. 처음에는 단호한 태도로 거절해도 '상대에게 미안하다.'라는 심리적 부담이 생기게 된다. 그리고 조금씩 태도가 부드러워지고 다음에 오면 상대의 이야기를 진지하게 들어주어야겠다는 기분이 되는 것이다.

물론 점차 의뢰가 반복됨에 따라 '예의가 없다.', '기분 나쁘다.' 등의 역효과를 초래하는 관계도 있다. 그렇지만 그 정도로 포기하면 자신의 패배이다.

하물며 화를 내거나, 짜증을 내거나, 지지 않으려고 기싸움을 해서는 이 모든 노력은 물거품이 되어버릴 것이다.

이럴 때에는 '죄송합니다.' 하고 사과한 뒤 먼저 정중하게 물러서야 한다. 어떤 영업사원은 고객에게 적당히 하라는 말을 듣고

'적당히 하고 있습니다.'라고 대답했다고 한다. 이처럼 이쪽이 서툴게 나가면 나갈수록 상대는 화를 내거나, 차갑게 대하게 되는 것이다. 일단 '그렇게까지 말하지 않았어도 좋았는데, 내가 좀 심했나.'라는 기분이 상대의 마음에 싹트면 그다음부터는 급속하게 이쪽을 받아들이는 방향으로 움직이게 되는 것이다.

> 설득의 환경을 만들기 위해 무관계한 사람의 마음을 사로잡는 한 가지 방법은 상대의 마음에 '관심을 가져주어야겠다.'는 심리적 책임감이나 부담을 갖게 하는 것이다.

의기양양 **설득심리술**

1판 1쇄 발행 | 2022년 1월 25일

지 은 이 | 타고 아키라
옮 긴 이 | 강성욱
펴 낸 이 | 김규현
펴 낸 곳 | 경성라인

주　　소 | 경기도 고양시 일산동구 호수로446번길 7-4(백석동)
전　　화 | 031) 907 - 9702
팩　　스 | 031) 907 - 9703
이 메 일 | kyungsungline@hanmail.net
등　　록 | 1994년 1월 15일(제311-1994-000002호)

ISBN 978-89-5564-186-8 (03320)

※ 책값은 뒤표지에 있습니다.
※ 경성라인은 밀라그로의 자회사입니다.
※ 잘못 만들어진 책은 구입하신 곳에서 바꾸어 드립니다.
※ 이 책은 '단숨에 마음을 꿰뚫어보는 심리설득술'의 개정판입니다.